MAUDIT HERITAGE

Béatrice DAVAULT

Editions théâtrales ART ET COMEDIE
2, rue des Tanneries
75013 PARIS

NOTE SUR L'AUTEUR

C'est dans le sud-ouest de la France où elle a choisi de s'établir que Béatrice DAVAULT a rejoint le monde du théâtre, il y a plusieurs années en tant que comédienne. Elle fait actuellement partie d'une troupe d'amateurs pour laquelle elle a décidé en 1998 d'écrire et de mettre en scène une comédie « MAUDIT HERI-TAGE » qui constitue ainsi la première œuvre de ce nouvel auteur.

PERSONNAGES

RICHARD : Aristocrate écossais.

Age : 40/45 ans.

Très gentilhomme « campagnard ». Physique agréable, du charme, de la classe. Mais personnage casanier, terrien, déteste les mondanités. Il aime uniquement la chasse, les chevaux et le whisky. Attaché aux traditions, il porte le kilt. Respectueux des valeurs familiales.

Célibataire endurci, il n'a jamais eu de femmes dans sa vie. Il est vierge. Dans la pièce, c'est un homme sûr de lui, sauf en présence de Gisèle où il va perdre tous ses moyens, se montrer très maladroit. Richard a peur de séduire ou d'être séduit par une femme.

REBBECA : Sœur cadette de Richard.

Age : environ 30/35 ans.

Physique agréable mais mystérieux : Longs cheveux bruns, dénoués. Visage très pâle, les yeux soulignés de noir. Elle porte des vêtements sombres, dépourvus d'artifices. Elle aura souvent l'air d'être ailleurs.

Jeune femme intelligente, cultivée. Caractère dominant. Toutefois, maternelle avec son frère.

Passionnée de sciences occultes, elle se promène toujours avec des cartes, des pendules… parle avec les esprits, les voit partout… Secrètement amoureuse de Charles.

MARGARET : Gouvernante du château.

Age : 40/45 ans.

Ne fait pas partie du petit personnel.

Physique agréable, mais très stricte. Tenue vestimentaire soignée, élégante et très classique (elle veut plaire à Richard).

Double personnalité : D'une part, c'est elle qui dirige tout le personnel d'une main de fer. Elle est dans ce cas très rigide, coincée, intransigeante, à cheval sur les principes et respectueuse des traditions. Elle ne tolère aucune fantaisie. C'est une femme très énergique.

D'autre part, en présence de Richard, elle est « chamalo ». Elle ne vit que pour le servir, elle l'idolâtre. Elle perd son sang froid, dès qu'il lui parle. Elle est secrètement amoureuse de Richard.

En alternance, elle sera hors la présence de Richard : froide et austère, et en présence de Richard : presque comme une adolescente amoureuse. Elle craint Rebbeca.

CHARLES : Meilleur ami de Richard.

Age : 40/45 ans.

Physique de séducteur. Egalement aristocrate, et ami d'enfance de Richard. Très élégant, beaucoup de charme, de classe et très mondain. Il aime les plaisirs de la vie et surtout les femmes, mais pas pour les épouser. Il est donc lui aussi célibataire. C'est un ami fidèle. Il a une conception de la vie plus moderne que Richard.

Au début de la pièce, il est élégamment habillé à l'européenne, puis plus tard, il portera le kilt.

Il a passé une partie de sa jeunesse à Paris.

BETTY : Petite amie de Charles.

Age : environ 30 ans.

Jeune femme jolie, très gaie, insouciante. Elle n'est pas très cultivée, mais futée et intuitive. Elle fait de nombreuses gaffes.

Elle est française, célibataire. Elle est comédienne mais pas très talentueuse et danseuse de cabaret.

Elle aime beaucoup Charles, mais ne se fait aucune illusion sur cette relation : il n'en veut qu'à son physique.

C'est une fille qui n'a pas froid aux yeux, par contre les histoires de revenant vont complètement l'effrayer.

Tenue vestimentaire excentrique et colorée.

GISELE : Meilleure amie de Betty.

Age : environ 30 ans.

Elle ressemble beaucoup à Betty au niveau du caractère. Elle est donc gaie, insouciante, pas très cultivée, mais se débrouille bien dans la vie car elle n'est pas étouffée par les scrupules.

Même style vestimentaire que Betty et elle aussi a plutôt un physique intéressant qui va plaire à Richard.

Elle est aussi danseuse de cabaret. Célibataire, française et ne dédaigne pas la compagnie du sexe opposé.

Elle va se montrer intéressée par la fortune de Richard, puis par Richard lui-même.

DÉCOR

C'est un décor unique. Il s'agit du salon d'un château écossais. Il y a deux portes situées vers le fond de part et d'autre de la scène.

Au centre de la scène : Il y a un canapé, un fauteuil à gauche et une table de salon.

A gauche de la scène : Un meuble. Sur ce meuble, il y a un téléphone et un calepin - un vase avec des fleurs - un plateau portant des verres, une bouteille de whisky et éventuellement une carafe - un cendrier avec une pipe et son nécessaire. A l'intérieur du meuble se trouvent un vieux livre, deux fioles (l'une remplie d'un liquide rouge et l'autre d'un liquide vert), et une coquille Saint Jacques.

A droite de la scène : Un autre meuble avec deux portes (type buffet, dans lequel est censée se trouver la radio) - deux chaises, l'une à droite du meuble et l'autre à gauche.

Près de ce meuble se trouve un nécessaire à couture. Sur ce meuble il y a quelques magazines, une lampe (ou autre objet) peu fragile, qui va tomber à certains moments de la pièce et un chandelier. Accroché au mur et au-dessus de ce meuble, se trouve un miroir.

A l'avant de la scène, entre le centre et le côté droit, se trouve une petite table ronde (ou un guéridon).

Au fond de la scène sur le mur et au centre, il y a le portrait d'un Ecossais.

On peut ensuite au gré de chacun rajouter des éléments de confort comme des plantes, coussins sur les fauteuils, objets de décoration…

N.B. - Le portrait, la lampe (ou autre objet) et la petite table ronde seront attachés par un fil invisible jusqu'aux coulisses, afin de pouvoir les faire bouger aux moments opportuns.

NOTE SUR LA MISE EN SCÈNE

Avant l'ouverture du rideau, on peut imaginer la mise en scène suivante :

1 - Pendant que le public termine de s'installer, une minute ou deux avant l'extinction des lumières, passer une musique typiquement écossaise (cornemuse), afin de mettre le public dans l'ambiance.

2 - Quand la musique se termine, les lumières s'éteignent. Passer à ce moment un bruit de vent violent faisant penser au climat écossais, pendant vingt à trente secondes.

3 - Enchaîner sur le bruitage du carillon de « Big BEN » suivi des douze coups (qui viennent remplacer les trois coups traditionnels qui précèdent l'ouverture du rideau). Au huitième coup environ, le rideau commence à s'ouvrir et l'ouverture se termine au douzième coup.

Ces différents effets doivent s'enchaîner sans interruption.

Cette mise en scène n'est pas obligatoire, mais elle ajoute une note originale et typique au début de la pièce. Elle a été testée lors des premières représentations, et a été très appréciée.

ACTE I

SCENE 1

RICHARD - REBBECA - MARGARET

Le rideau s'ouvre sur un château en Ecosse. Richard, le maître des lieux, se trouve dans le salon du château. Il est vêtu du traditionnel kilt écossais. Il est visiblement furieux. Il fait les cent pas dans la pièce, rallume plusieurs fois sa pipe, vide « cul sec » plusieurs verres de whisky (après le troisième, il remplit de nouveau un verre et boit directement à la bouteille). Il parle seul en s'adressant à un tableau accroché sur le mur au centre de la pièce, représentant Lord MAC GREGOR, son père.

RICHARD - Alors ça ! Je n'arrive pas à y croire… Comment avez-vous pu me faire une chose pareille ? … *(Il s'arrête devant le portrait.)* Je sais que votre sens de l'humour est aujourd'hui légendaire, mais s'il s'agit d'une de vos nombreuses blagues, sachez que je la trouve de très mauvais goût… *(Il se remet à arpenter la pièce, puis se retourne brutalement vers le portrait.)* Mais comment voulez-vous que je fasse ? Oh, je sais que pour vous cela n'aurait pas été difficile ! Mais moi, enfin Père, vous m'imaginez… Ah non, sûrement pas !…

(Margaret, la gouvernante, entre sans faire de bruit. Comme Richard ne l'a pas remarquée, elle tousse plusieurs fois.)

Ah Margaret ! Je ne vous avais pas entendue entrer. Le notaire est-il reparti ?

MARGARET - Oui Monsieur, je l'ai personnellement raccompagné jusqu'à sa voiture.

RICHARD - Merci Margaret.

MARGARET - Voulez-vous un peu de thé, Monsieur ?

RICHARD *(il tend la bouteille de whisky vers Margaret)* - Du thé ? Ah non merci Margaret ! J'ai besoin de quelque chose de plus fort… Vous étiez présente, vous avez entendu ce que le notaire a dit ? C'est inimaginable… Enfin, Margaret, à votre avis, pourquoi mon père m'a-t-il fait une chose pareille ?

MARGARET - Oh, Lord MAC GREGOR n'a pu faire cela que dans une intention louable ! Il a pensé à votre bien Monsieur, et à celui de votre famille.

RICHARD *(il hausse les épaules et secoue la tête)* - Mon bien ? Ah oui ? Et bien, parlons-en de mon bien !

MARGARET *(elle s'approche de Richard)* - Justement, à ce propos Monsieur, si je peux faire quelque chose pour vous…

RICHARD - Vous Margaret ! Mais quoi ?

(Richard se sert un autre verre. Pendant ce temps, sans que Richard la voit, Margaret se regarde dans le miroir et rajuste sa coiffure.)

MARGARET - Voyez-vous Monsieur, j'ai longuement réfléchi. Cela fait maintenant de nombreuses années que je suis au service de cette famille. Nous nous connaissons bien et pourtant nous n'avons jamais eu l'occasion de parler seul à seul. *(Sa voix se fait plus langoureuse.)* Pourtant, je suis certaine que je pourrais apporter une solution à votre problème… Voyez-vous Monsieur, on trouve souvent près de soi ce que l'on cherchait jusque là si loin.

RICHARD *(il semble de nouveau très énervé)* - Ecoutez Margaret, je ne comprends rien à ce charabia de bonne femme. D'ailleurs, je ne comprendrai jamais rien aux femmes.

(Richard se sert un nouveau verre de whisky, mais ne le boit pas tout de suite.)

MARGARET - Je veux dire par-là, Monsieur, qu'il n'est peut-être pas nécessaire d'aller chercher à l'extérieur ce dont vous avez besoin.

RICHARD - Soyez plus explicite Margaret.

MARGARET - Et bien, il y a certainement près de vous une personne, susceptible de vous aider.

RICHARD - Vraiment ? Et qui ? Il n'y a ici que ma sœur et vous, alors… *(Il a un geste d'impuissance.)*

MARGARET - Je vois que vous ne comprenez pas, alors je vais être plus claire. *(Elle se plante devant Richard, prend le verre qu'il a dans la main, le vide « cul sec » le lui rend, et tend son visage comme pour l'embrasser.)* Moi Monsieur ! Je suis prête à me dévouer corps et âme pour vous aider. Je SUIS votre solution.

RICHARD *(très étonné)* - Vous n'allez pas bien Margaret ? *(Il va s'asseoir.)* Vous devriez vous méfier, vous avez peut-être de la fièvre. *(Il détourne la conversation.)* C'est ce temps, il fait tellement humide en ce moment, et puis la température a drôlement baissée…

(Pendant ce temps, Margaret va se mettre dans un coin de la scène, elle se tamponne le nez avec son mouchoir, visiblement offensée.)

MARGARET - Oh, oh, oh…!

(A ce moment Rebbeca entre. Elle porte un cône argenté sur la tête. Elle ne parle pas, passe devant Richard ébahi, et s'arrête au milieu de la scène.)

REBBECA - Je ne vous dérange pas au moins?

RICHARD *(heureux de cette diversion)* - Non, non, entre, je t'en prie. Rebbeca! Ton chapeau est vraiment très… très… *(Il cherche ses mots.)* … surprenant. Vous ne trouvez pas, Margaret?

MARGARET - Oh certainement, vous avez raison! Il est très… surprenant. Mais n'est-il pas un peu voyant?

REBBECA - Ah seigneur! Ignorants que vous êtes! Il ne s'agit pas d'un chapeau, mais d'un… *(Elle sort un papier de sa poche et lit.)* … cône à ondes cosmiques. *(Elle range le papier dans sa poche.)*

RICHARD *(amusé)* - Je croyais qu'il s'agissait plutôt d'un entonnoir.

REBBECA - Richard! Ce cône m'a été livré ce matin de Londres. Il s'agit d'un appareil qui réfléchit les rayons solaires et émet des ondes cosmiques qui peuvent être perçues dans l'au-delà.

MARGARET - Et que se passe-t-il quand vous avez cette chose sur la tête?

REBECCA - Ce cône doit me permettre d'entrer en contact avec les entités, les âmes des défunts.

RICHARD - Et cela grâce aux rayons solaires?

REBBECA - En effet.

RICHARD - Mais Rebbeca, il fait un brouillard à couper au couteau.

REBBECA *(elle pousse un profond soupir de déception, s'assied près de son frère, et enlève le cône qu'elle pose sur ses genoux)* - Ah oui, je sais. Ecoute Richard, j'ai décidé de t'aider.

RICHARD - Ah! Toi aussi!

REBBECA - Pourquoi moi aussi?

RICHARD - Et bien, Margaret vient également de me proposer son aide.

REBBECA - Margaret? *(Elle s'approche de Margaret.)* Vraiment? Il est vrai que vous êtes très attachée à certains membres de notre famille. N'est-ce pas?

MARGARET - Vous savez bien Mademoiselle que je fais cela uniquement pour me rendre utile.

REBBECA *(d'un air perfide)* - Mais bien sûr Margaret, pour vous rendre utile.

(Margaret hausse les épaules, se tamponne le nez de son mouchoir, et se retourne pour ranger quelques livres qui étaient en désordre dans un coin de la pièce.)

En tous cas, moi j'ai la solution.

MARGARET et **RICHARD** *(en même temps)* - Vraiment ?

REBBECA - Et oui. *(A ce moment, elle sort triomphalement un jeu de tarot de sa poche et l'étale rapidement sur la table du salon. Elle se met à genoux.)* Je vais faire appel aux cartes et si ce n'est pas suffisant, j'interrogerai les esprits.

RICHARD *(il se lève brusquement)* - Tu sais parfaitement que je n'ai jamais cru à toutes ces foutaises.

(Margaret s'approche de la table, visiblement intéressée.)

REBBECA *(en colère)* - Attention Richard, tu vas offenser les esprits et tu sais parfaitement qu'il vaut mieux ne pas les mettre en colère.

RICHARD *(moqueur)* - Et que vas-tu voir dans tes cartes ?

REBBECA - Oh, si tu ne veux pas des cartes, je peux aussi bien faire avec du marc de café ! Qu'en pensez-vous Margaret ?

MARGARET - Les cartes sont en effet une excellente idée Mademoiselle, mais je maintiens que MON IDEE n'était pas si mauvaise.

RICHARD *(pour échapper à Margaret)* - Après tout, peu importe. Va pour les cartes.

(Richard s'assied dans un fauteuil et écoute la conversation d'une oreille très distraite. Il réfléchit.)

REBBECA - Bien. Allons-y Richard. Dis un chiffre.

RICHARD - Sept.

REBBECA *(posant un doigt sur les cartes)* - 1, 2, 3, 4, 5, 6, 7. *(Elle retourne une carte.)*

MARGARET *(poussant un cri)* - Ah ! Un pendu ! Oh mon dieu, Monsieur Richard, pendu…

REBBECA - C'est vrai que ce n'est pas bon signe, mais il ne sert à rien de paniquer. Ça peut vouloir dire… Qu'est-ce que ça peut bien vouloir dire ? *(Puis sur un ton mystérieux.)* Comme dit le dicton « marié ou pendu ».

12

RICHARD - Pour moi le choix est fait. Ce sera pendu.

REBBECA *(elle hausse les épaules et continue)* - 1, 2, 3, 4. *(Elle retourne la carte.)* Tiens, je vois une visite.

MARGARET - C'est certainement le notaire qui est venu tout à l'heure.

REBBECA - Non, non, ce n'est pas possible, c'est une visite qui lui fait très plaisir.

RICHARD - Et bien si, c'est le notaire. Il est rentré à l'étude, s'est aperçu qu'il y avait eu une confusion avec un autre Richard Mac Grégor, et il va revenir pour me le dire.

REBBECA - Pas moyen que tu sois sérieux une minute. 1, 2, 3, 4… *(Elle retourne une carte et la brandit.)* Ah, ah ! Je vois une femme dans ta vie…

RICHARD - Comme si je n'en avais pas assez avec vous deux.

REBBECA - Aucun doute possible, c'est bien une femme…

MARGARET - Est-ce que vous voyez comment est cette femme ? Est-elle brune ou blonde ?

REBBECA - Je vois très bien, c'est une blonde. Tiens, un peu comme vous Margaret.

MARGARET *(triomphante)* - Je le savais. Je suis la personne qu'il faut. Bien entendu, ce serait uniquement pour vous aider Monsieur. N'ayez aucune arrière pensée, je vous fais cette proposition en tout bien tout honneur.

(Rebbeca continue à retourner les cartes.)

REBBECA - Tu sais Richard, que l'idée de Margaret n'est pas si sotte, quand on regarde les cartes…

RICHARD *(se levant d'un bond)* - Mais oui !

(Les deux femmes sursautent.)

Ce qu'il nous faut, c'est un spécialiste. Quand les chevaux sont malades, qui appelle-t-on ?

REBBECA - Le vétérinaire ?

RICHARD - Et quand la voiture est en panne, qui appelle-t-on ?

REBBECA - Le garagiste. Belle démonstration Richard ! Nous savons tous à présent qu'à chaque problème, correspond son corps de métier. Et dans le cas qui te concerne, à quel corps de métier penses-tu faire appel ?

Richard *(triomphalement)* - Charles !

Rebbeca et Margaret *(ensemble)* - Charles ?

Richard - Mais oui, Charles. Il est certainement le meilleur spécialiste que je connaisse en la matière.

Margaret - Monsieur, vous connaissez les fréquentations de Monsieur Charles. Il ne va vous amener que des ennuis.

Rebbeca - Je trouve-moi, au contraire, que ce serait une excellente idée. *(S'adressant à Richard.)* Tu devrais lui dire de venir au château, pour lui expliquer la situation.

Richard - Mais oui, c'est cela. Avec un peu de chance, il sera libre pour le week-end. Je l'appelle tout de suite.

(Richard se dirige vers le téléphone, cherche le numéro dans un calepin, décroche le combiné et compose le numéro.)

Margaret *(à Rebbeca)* - Je constate que vous envisagez la venue de Monsieur Charles avec joie. Il faut dire que vous avez de bonnes raisons pour cela. Mais en ce qui me concerne, je crains le pire. Vous verrez Mademoiselle, nous en reparlerons.

Rebbeca - Mais non Margaret, aucun problème. Je l'ai vu dans les cartes, tout allait bien. Bien sûr, il y a quand même eu le notaire ce matin… *(Elle est pensive.)*

(Margaret sort.)

Richard - Ça y est. Ça sonne.

(Lentement Rebbeca rassemble ses cartes pour les mettre dans sa poche. Elle va poser le cône sur un meuble puis sort à son tour. Richard obtient son correspondant.)

Allô Charles ? Ici c'est Richard. Alors comment vas-tu vieux frère…

LE RIDEAU TOMBE

ACTE II

SCENE 1

MARGARET-CHARLES-BETTY

Le rideau s'ouvre. La scène est vide. On entend des bruits de voix dans une pièce voisine.

MARGARET - J'espère que vous avez fait bonne route.

CHARLES - Il n'y avait que quelques dizaines de kilomètres. Et le brouillard ayant fini par se lever, la route n'a pas été trop mauvaise.

(Charles pénètre dans le salon. Il se plante au milieu de la pièce, silencieux, et regarde tout autour de lui. A ce moment arrive Betty. Elle regarde partout aussi, et elle émet un sifflement d'admiration. Margaret arrive enfin, suivie d'un groom, les bras chargés de valises.)

MARGARET - Posez ça là.

(Le groom sort.)

CHARLES - Je dois vous féliciter Margaret, vous dirigez cette maison d'une main de maître.

MARGARET *(visiblement flattée)* - Merci Monsieur Charles.

(Pendant que Charles parle, Betty s'est assise sur le bord d'un fauteuil, sort une lime de sa poche, et se lime les ongles en l'écoutant.)

CHARLES - C'est extraordinaire. Rien n'a changé depuis la dernière fois où je suis venu. Pas un meuble n'a bougé, pas un tableau. *(Il arrive devant le portrait de Lord MAC GREGOR et s'immobilise.)* Ah! Quelle tragédie! La mort de Lord MAC GREGOR m'a bouleversé. Il semblait encore si jeune. On aurait dit que le temps n'avait pas d'emprise sur lui. *(Puis riant.)* Et quelle vitalité! Quel tempérament! Si vous voyez de quoi je veux parler.

MARGARET *(un peu gênée)* - Oh! Je vois très bien, Monsieur… En effet, la mort de ce cher Lord MAC GREGOR a été un grand choc pour nous aussi. *(Elle porte un mouchoir à ses lèvres.)*

CHARLES - Et comment ont réagi Rebbeca et Richard?

(Margaret secoue la tête dans une attitude de profonde tristesse.)

Oh! J'imagine. Bouleversés eux aussi… *(Il soupire.)* J'étais tellement désolé de ne pas être auprès d'eux pour leur apporter mon soutien.

MARGARET - Oh oui, Monsieur, cela a été un moment difficile pour nous tous. *(Elle soupire.)* Et bien, soyez le bienvenu au château, Monsieur Charles. Souhaitons que votre venue mettra un peu de gaieté dans cette maison.

BETTY - Oh! Pour ça Margaret, ne vous faites pas de mouron. Charles, c'est un véritable bout en train.

(Margaret semble choquée et tousse plusieurs fois pour s'éclaircir la voix.)

MARGARET - Je vois Monsieur Charles, que vous êtes venu avec votre femme de chambre.

(Charles manque de s'étrangler. Betty se lève et va se pendre au bras de Charles.)

BETTY - Dans le mille, Margaret. Vous avez deviné juste. Je suis la « femme de chambre » de Charles.

CHARLES *(visiblement ennuyé de la méprise de Margaret)* - Pas tout à fait au sens où vous l'entendez, Margaret. En fait, Betty est une grande amie. *(Il prend Betty par les épaules.)*

MARGARET *(sèchement)* - Ah oui! Je vois.

CHARLES *(il lâche Betty et regarde de nouveau le portrait de Lord MAC GREGOR)* - Richard m'a semblé très préoccupé au téléphone. Est-ce qu'il se passerait quelque chose de grave? Etes-vous au courant Margaret?

(Margaret s'approche de Charles pour lui parler de façon à ce que Betty n'entende pas. Quant à Betty, elle examine tout ce qui se trouve dans la pièce sans se soucier des deux autres.)

MARGARET - En effet, il semblerait qu'à son décès, Lord MAC GREGOR ait laissé Monsieur Richard et Mademoiselle Rebbeca dans… Comment dire… Dans l'embarras en somme.

CHARLES - Expliquez-vous. Que voulez-vous dire par embarras?

MARGARET - Je ne peux rien dire de plus, Monsieur. Je ne suis pas au courant de toute l'affaire. Monsieur Richard va très certainement tout vous expliquer en détail. *(Puis très sèchement.)* Après tout, c'est lui qui a eu l'idée de vous faire venir pour l'aider. Il avait parait-il besoin d'un « spécialiste ». Et vous êtes ce soi-disant « spécialiste ». Maintenant, excusez-moi Monsieur, je vais faire monter les bagages dans vos chambres. *(Elle sonne le groom. Il entre.)* Montez tout ceci dans la chambre bleue et… *(Puis elle se tourne vers Charles.)* Une seule chambre peut-être ?... Oui, bien sûr, une seule chambre. Tout dans la chambre bleue. *(Le groom sort, elle le suit. Mais juste avant de sortir.)* Je vais également prévenir Monsieur Richard de votre arrivée.

(Charles et Betty restent seuls.)

BETTY - Ben dis donc, la mère Maggy, pas commode, hein ? Si tout le monde est comme ça ici, on va pas se faire une entorse aux côtes en riant.

CHARLES - Ne la juge pas trop vite, tu serais surprise. Je crois qu'au fond Margaret n'est pas une femme aussi sombre qu'elle veut en avoir l'air.

BETTY - Ben, je demande à voir.

CHARLES *(faisant un geste évocateur)* - Et puis, dis donc, si tu l'avais vu quand elle avait vingt ans, c'était un sacré beau brin de fille. Et avec cela, dévouée à la famille MAC GREGOR. D'ailleurs je l'ai toujours soupçonnée d'en pincer pour Richard.

BETTY *(riant)* - Et bé, pauvre Richard. Pas le genre à vous emmener au septième ciel, la Maggy. A peine un premier et encore sans ascenseur.

(Charles se met à courir après Betty autour du canapé et Betty pousse des petits cris.)

CHARLES - Tandis que toi, mon petit chat, c'est l'empire state building. Cent deux étages, avec un ascenseur direct pour le sommet.

BETTY - Oh ça toi ! Tu sais parler aux femmes.

CHARLES - Et pas que parler. Je sais faire des tas d'autres choses.

BETTY - Vraiment ? Et quoi par exemple ?

CHARLES - Ah ! Ah ! Tu veux que je te montre, n'est ce pas !

BETTY - Non Charles, pas ici.

CHARLES - Et pourquoi pas ici ? Tu as le don de mettre tous mes sens en ébullition.

BETTY - Charles ! On pourrait nous voir.

CHARLES - Et alors, qu'importe.

BETTY - Non Charles ! Tu es fou !

CHARLES - Oui c'est vrai. Je suis complètement fou de toi. Allez, viens ici, dépêche-toi.

BETTY - Non, pas maintenant.

CHARLES - C'est ton dernier mot ? Et bien soit. Mais puisque vous avez mis le feu en moi, « chère Madame », je vous condamne à éteindre ces braises, dans les plus brefs délais par tous moyens à votre convenance.

BETTY *(riant)* - J'ai besoin d'y réfléchir, my Lord.

(Betty se jette ensuite dans un fauteuil et s'y prélasse nonchalamment.)

CHARLES *(montrant de la main ce qui les entoure)* - Tu sais que j'en ai passé du temps ici quand j'étais enfant. Richard et moi nous étions toujours fourrés ensemble, comme les deux doigts de la main, tu vois ?

BETTY - Ah ! Ce que j'aurais aimé te voir à cette époque. Comme tu devais avoir l'air chou. Et tu vois, si j'étais née ici, et bien je s'rais sûrement pas danseuse de cabaret maintenant. Non Monsieur, parce que j'aurais fait des études, moi.

CHARLES *(la câlinant)* - Oh ! Mais je t'aimerais beaucoup moins, moi, si tu étais plus cultivée. Tu serais plus ennuyeuse, moins drôle, moins gaie, moins… Tu vois ce que je veux dire. *(Il pose une main sur le genou de Betty.)*

BETTY *(le repoussant gentiment)* - Ah oui ! Je vois parfaitement ce que tu veux dire. Il y a des sujets sur lesquels tu t'exprimes très clairement.

(Charles redevient sérieux. Il prend une chaise et va s'asseoir près de Betty.)

CHARLES - Ecoute Betty, il faut qu'on parle sérieusement.

BETTY - Oh ! Je n'aime pas te voir avec cet air de ministre.

CHARLES - Non, sois tranquille, rien de grave. Mais tout à l'heure, tu vas faire la connaissance de Richard. Tu verras c'est un chic type, mais…

BETTY - Mais quoi ?

CHARLES - Mais Richard n'a pas l'esprit très ouvert. Il a toujours vécu ici, retiré dans ce château, au fin fond de l'Ecosse, entre son père, sa sœur et Margaret.

BETTY - Quand on connaît Maggy, on imagine la galère.

CHARLES - Il est différent de moi, qui ai vécu une grande partie de ma jeunesse à Paris, la ville Lumière.

BETTY *(elle s'est remise à se limer les ongles)* - Oui, OK il est différent de toi, et alors ? Où veux-tu en venir ?

CHARLES - Et bien, vois-tu… Je ne voudrais pas que tu te vexes de ce que je vais te dire…

BETTY - Vas-y Charles, accouche !

CHARLES - Voilà. Il faudrait que tu te fasses passer devant Richard et sa sœur, pour une aristocrate française. *(Betty à l'air complètement ébahie.)* Richard ne pourrait pas comprendre que moi, un Lord écossais, j'ai pour petite amie une jeune comédienne. Comédienne de talent, certes, mais comédienne néanmoins. Et qui plus est, danseuse dans un cabaret… Tu comprends ?…

BETTY - T'inquiète, mon chou. J'ai parfaitement compris. Et puis dis donc, il en faut plus que ça pour me vexer. J'ai peut-être pas fait de grandes études moi, mais j'ai du savoir-vivre.

(Charles l'embrasse délicatement sur le front. Il a l'air visiblement soulagé.)

CHARLES - Betty, tu es vraiment une fille extra.

BETTY - Et pour ce qui est de jouer les femmes du monde, pas de problème. N'oublie pas que ta Betty, elle est comédienne. Et quand il s'agit de jouer un rôle, elle craint personne.

CHARLES - C'est parfait mon petit chat. C'est bien toi la meilleure. Je te fais parfaitement confiance.

BETTY - Oh ! Tu peux.

CHARLES - Il suffira que tu sois discrète, bien élevée. Si on te pose une question à laquelle tu ne sais pas répondre, aucun problème. Tu souries et tu me regardes… Je comprendrai et je répondrai pour toi. Tu n'auras plus qu'à acquiescer, le tour sera joué.

(Betty se blottit contre l'épaule de Charles.)

BETTY - Quelle merveilleuse équipe on va former tous les deux.

(A ce moment quelqu'un entre. Richard se tient dans l'entrebâillement de la porte.)

SCENE 2

Richard se tient à l'entrée de la pièce. Charles se retourne vers lui et se tient immobile.

CHARLES - Richard ! Quel plaisir de te revoir. *(Il se dirige vers Richard.)*

RICHARD - Mon ami ! Quelle joie de te savoir enfin ici.

(Les deux hommes sont face à face et ils exécutent soudain une sorte de rituel sous l'œil ébahi de Betty.)

CHARLES ET RICHARD *(ensemble)* - Ya ! Yo !…

(Par exemple : Ils se tapent sur les genoux ; les bras en croix se mettent les mains sur les épaules ; font un tour sur eux-mêmes à petits pas ; frappent les deux mains sur celles de l'autre…)

RICHARD - Ma foi, vieux frère, je vois que tu n'as rien oublié.

CHARLES - Toi non plus. Ma parole, tu t'entraînes tous les jours.

(Les deux hommes rient et se tapent sur les épaules. Pendant qu'ils vont continuer à discuter, Betty, de l'autre côté de la scène, et leur tournant le dos, va s'échauffer comme pour une compétition sportive.)

RICHARD *(prenant Charles par les épaules)* - Si tu savais à quel point ta présence me réconforte. Je me trouve dans une véritable impasse. Mais je sens qu'à présent, avec toi à mes côtés, tout devrait aller mieux, comme au bon vieux temps. *(A ce moment, Richard remarque Betty.)* Mais qui est donc cette jeune personne ?

CHARLES - Ah Richard ! Je dois te présenter Elisabeth… Une amie très chère… Elle vient de Paris. *(Puis s'adressant à Betty.)* Viens ma chérie, viens que je te présente à mon grand ami Richard.

(Betty se retourne brusquement.)

RICHARD - Elisabeth, je suis absolument ravi de faire votre connaissance.

(Il s'approche pour baiser la main de Betty. Celle-ci fait une révérence.)

BETTY - Votre Altesse.

CHARLES *(très gêné, il relève Betty)* - Mais non, voyons ma chérie, Richard ne fait pas partie de la famille royale. Tu n'as pas besoin de l'appeler Altesse.

BETTY *(elle refait une révérence)* - Excusez-moi, Monseigneur…

RICHARD - Appelez-moi simplement Richard. Les amies de Charles sont mes amies.

BETTY *(elle refait une révérence)* - Bien. Puisque vous me le demandez, je vous appellerai Richard. Mais si j'osais… Appelez-moi donc Betty. *(Elle change de ton.)* Ça fera moins « chichi ».

CHARLES *(il tousse pour détourner l'attention)* - Eh bien Richard ! Raconte-moi donc ce qui se passe. Tu semblais si nerveux, si préoccupé au téléphone.

BETTY *(tirant le bras de Charles)* - Pourquoi tu lui as dit que je m'appelais Elisabeth ? J'ai horreur de ce prénom, « Elisabeth »! Moi c'est Betty et j'y tiens.

CHARLES - Plus tard, ma chérie.

(Charles fait signe à Betty de se taire et de s'asseoir. Les deux hommes s'assoient également l'un à côté de l'autre.)

RICHARD - Vous avez tout ce qu'il vous faut, Elisabeth ? Enfin, Betty ?

(Betty se lève et fait une révérence.)

BETTY - Je vous remercie, je n'ai besoin de rien Monseig… Euh, Richard. *(Elle s'assied.)*

CHARLES *(à Richard)* - Pourquoi m'as-tu demandé de venir si vite ? Cela semblait tellement urgent.

RICHARD - Tu as raison, je te dois des explications. Je vais essayer d'être bref, mais ça ne sera pas facile. J'espère que tout cela ne va pas vous ennuyer, Betty ?

BETTY - Vous inquiétez pas Richard, j'adore les histoires.

(Betty s'assied en tailleur sur le fauteuil un coussin sur les genoux. Charles lui fait alors des signes, et elle se replace correctement.)

RICHARD - Tu sais que mon père vient de mourir bien sûr ?

CHARLES - Oui, et je te présente encore mes plus sincères condoléances.

BETTY - Pareil pour moi. *(Regard de Charles.)* Je veux dire… Je suis absolument désolée pour vous.

21

RICHARD - Merci mes amis. Donc, suite au décès de mon père, Lord MAC GREGOR, le notaire de la famille a pris contact avec Rebbeca et moi, pour la lecture du testament.

BETTY - Ah! Y perdent pas de temps ces vautours! A peine refroidi…

(Charles tousse pour couvrir la voix de Betty.)

CHARLES *(à Richard)* - Tu n'as quand même pas eu de mauvaise surprise? Selon la loi, tu es le seul héritier de ton père.

RICHARD - En effet, le notaire est venu ce matin même nous lire le testament, et je suis bien le seul héritier de la fortune familiale, du château, des terres, etc… A charge bien sûr de m'occuper de ma jeune sœur Rebbeca.

CHARLES - Bien entendu. Mais tout ceci me semble normal. Alors où est le problème, et surtout qu'est-ce que je viens faire là-dedans? Margaret m'a dit des choses incompréhensibles. Que tu avais besoin d'un spécialiste, que j'en étais un. Mais de quoi?

(Betty regarde autour d'elle. Elle a l'air de s'ennuyer.)

RICHARD - Sois patient, j'y arrive. Mais avant, peut-être Betty, voulez-vous prendre un verre? *(Il montre le plateau.)*

BETTY *(sautant du fauteuil visiblement ravie)* - Oh! C'est pas de refus! *(Puis elle se ressaisit et marche avec noblesse.)* Ces messieurs prendront-ils quelque chose?

RICHARD - Volontiers.

CHARLES - Moi aussi. Alors donc, Richard, où est le problème?

RICHARD - Et bien voilà, comme je te le disais, je suis donc l'unique héritier de mon père. Seulement je ne pourrai disposer de toute la fortune des MAC GREGOR, donc de MA fortune, qu'à une seule condition…

CHARLES et BETTY *(ensemble)* - Laquelle?

RICHARD *(prenant son élan, il débite en une seule fois)* - Et bien à la condition que je me marie et que je donne à la famille MAC GREGOR un héritier.

CHARLES *(complètement ahuri)* - Ah ça alors!

BETTY - Et bien, mon cher Richard, ce n'est pas un problème. Vous êtes en âge de vous marier. Quant à faire des enfants, malgré la jupe, j'imagine que vous avez tout ce qu'il faut pour les faire.

CHARLES - Betty! Voyons! Ce sont des choses qu'une jeune fille « du monde » ne doit pas dire.

RICHARD *(gêné)* - Je vois bien Betty que vous ne me connaissez pas. Charles, lui, sait parfaitement que je n'ai pas l'habitude avec les femmes. En fait, que je n'ai jamais eu aucune femme dans ma vie.

BETTY - Vous voulez dire que vous n'avez jamais…

CHARLES - Ce que Richard veut dire, c'est qu'il est peut-être un peu difficile de trouver une épouse convenable… ici… autour de lui… aussi loin de tout.

BETTY *(à part)* - Dis-moi, c'est vrai qu'il n'a jamais… Enfin tu vois…

(Charles lui fait signe de se taire.)

RICHARD - Vous comprenez, je n'ai pas l'expérience nécessaire. Ce n'est pas comme si je devais choisir un chien de chasse, ou une jument pour un de nos étalons. Là, je saurais comment faire. Mais me choisir une femme…

CHARLES - Je comprends tout à fait ton problème. Mais cela ne me dit pas comment je peux t'aider.

RICHARD - Mais si, Charles, tu es l'homme de la situation. Je ne voudrais pas être indélicat… *(Il parle plus bas afin que Betty n'entende pas.)* Mais tu as une certaine expérience en matière de femmes.

BETTY *(qui a tout entendu)* - A ça, vous pouvez le dire, Richard. En bonnes femmes, Charles il en connaît un sacré rayon. *(Regard de Charles et Betty change de ton.)* Enfin je voulais dire, qu'avant de me rencontrer, Charles avait vécu… diverses expériences… *(A elle-même.)* Ah! Je ferais mieux de me taire, je finis par m'embrouiller dans cette histoire.

(Betty retourne s'asseoir et prend un livre.)

RICHARD *(à Charles)* - Ecoute Charles, soyons francs. Je suis incapable de me trouver une femme. Et quand bien même je trouverais la femme de ma vie, je serais incapable de l'aborder, de… enfin tu sais…

CHARLES *(riant)* - Ah oui, je vois parfaitement.

RICHARD - Mais avec ton aide, ce serait certainement plus facile. Tu pourrais peut-être me présenter une personne de tes connaissances, très convenable, il y va de soi. Et également m'expliquer un peu comment faire ensuite pour la séduire, etc, etc…

CHARLES - Ce que tu me demandes là est assez délicat.

RICHARD - J'en ai parfaitement conscience. Et c'est pour cette raison, que je te propose 10 % de l'héritage contre ce service.

CHARLES *(étonné et intéressé)* - 10 %? Je t'aurais rendu ce service pour moins que cela, car tu es mon meilleur ami. Mais devant une telle proposition, je ne me sens aucun droit de refuser.

(Le téléphone sonne.)

RICHARD - Excusez-moi un instant, je réponds. *(Il va décrocher le téléphone.)* Richard MAC GREGOR à l'appareil!

(Dans la suite de la scène, à chaque fois que Richard va parler, Charles et Betty vont s'interrompre et se retourner vers lui. Betty prend Charles par le bras et l'entraîne à l'autre bout de la scène.)

BETTY - Dis donc, 10 % de l'héritage ça fait un gros paquet?

CHARLES *(approuvant de la tête)* - La fortune des MAC GREGOR est immense…

(Ils réfléchissent tous les deux.)

RICHARD *(au téléphone)* - Oui, c'est exactement ce qui avait été convenu…

CHARLES - Mais trouver une femme… Convenable… Tu comprends, j'ai souvent eu des femmes mariées dans ma vie… Et je peux difficilement aller aujourd'hui demander leur main, pour Richard, aux maris cocus! *(Il réfléchit de nouveau.)*

RICHARD *(au téléphone)* - Et vous avez appelé le vétérinaire?

BETTY - J'ai une super idée!

CHARLES - Tu me fais peur.

RICHARD *(au téléphone)* - Et bien, rappelez-le à nouveau.

BETTY - Gisèle!

CHARLES - Et quoi Gisèle?

RICHARD *(au téléphone)* - Oui, oui, bien entendu.

BETTY - On devrait présenter Gisèle à Richard.

CHARLES - Gisèle! Ta copine Gisèle! La Gisèle que je connais!

RICHARD *(au téléphone)* - Et ça va prendre combien de temps?

BETTY - Et bien oui Gisèle. Et pourquoi pas? Elle est jeune, jolie, célibataire, rigolote…

CHARLES - Oui justement, rigolote.

BETTY - En effet. Et quand elle connaîtra le montant de la fortune de Richard, elle se fera sûrement pas prier.

RICHARD *(au téléphone)* - Allez les chercher dans les boxes, que diable.

BETTY - Et puis, dis donc, il pourrait tomber plus mal ton copain. Parce que Gisèle avec les hommes, elle sait drôlement bien s'y prendre. Et vu ce que je viens d'entendre sur Richard, il vaudrait mieux lui trouver une femme d'expérience.

CHARLES - Gisèle ! C'est hors de question ! Tu as perdu la raison. On ne peut pas présenter une fille comme elle à Richard.

BETTY - Vraiment ? Et tu as une meilleure idée ?

(Charles fait signe que non de la tête.)

RICHARD *(au téléphone)* - Rajoutez-en deux.

BETTY - Mais peut-être que tu es prêt à renoncer à 10 % de l'héritage ?

(Charles montre qu'il hésite.)

Gisèle est une chic fille. C'est plutôt un cadeau qu'on lui fait à Richard. Elle vaut plus que 10 %.

CHARLES *(soudain enthousiaste)* - C'est toi qui as raison. De toute façon, je n'ai pas d'autre proposition. Mais il ne faut pas que Richard apprenne qu'elle est danseuse dans un cabaret. Il faudra faire passer Gisèle pour une jeune aristocrate.

BETTY - Aucun problème. Regarde-moi, je m'en sors très bien. Elle n'aura qu'à faire comme moi.

CHARLES *(sceptique)* - Et bien, ce n'est pas gagné.

RICHARD *(au téléphone)* - C'est d'accord, je vous fais confiance.

(Richard raccroche, se sert un verre et un verre à Charles, et le lui apporte.)

RICHARD - Alors, que disions-nous ? Ah oui, 10 % de l'héritage contre ton aide pour me trouver une épouse.

(Ils trinquent tous les deux.)

CHARLES - Je crois que j'ai ce qu'il te faut.

(A ce moment Rebbeca entre. Elle se jette au cou de Charles pour l'embrasser. Celui-ci à un mouvement de recul.)

REBBECA - Mon très cher Charles ! Quelle immense joie de te revoir ici ! *(Puis le regard dans le lointain.)* Je savais déjà que tu allais venir nous rendre visite. Les esprits m'avaient prévenue de ton arrivée.

CHARLES - Et bien, je suis également ravi de te revoir. Mais je te trouve un peu pâle. Tu devrais fréquenter des garçons de ton âge, plutôt que des revenants, ça te donnerait bien meilleure mine.

RICHARD *(se moquant)* - Tu ne connais pas encore la dernière. Ma sœur fréquente une certaine Lady Mac Kinley.

CHARLES - Tiens, je ne la connais pas. Jolie ?

RICHARD - Morte depuis 450 ans.

> *(Ils rient tous les deux.)*

REBBECA - Ne te moque pas Richard. Cela pourrait te coûter cher. Les esprits n'aiment pas qu'on les prennent en dérision. Ils pourraient se venger, ça ne serait pas la première fois. *(Puis tout à coup Rebbeca remarque Betty. Elle la détaille de la tête aux pieds.)* Tiens Charles, tu as amené ta femme de chambre ?

BETTY - Décidément, c'est une manie dans cette maison de me prendre pour la « femme de chambre » de Charles.

CHARLES - Non Rebbeca, Betty est mon amie.

REBBECA - Oh excusez-moi « Betty ». Il faut dire que la confusion était possible.

RICHARD - Betty, enfin son véritable prénom est Elisabeth. *(Betty peste.)* Betty donc, est une amie de Charles et elle vient de Paris.

REBBECA - Vraiment, de Paris ? Mais comment est-ce possible ? Je ne m'en serais pas douté, on m'avait toujours dit que les Parisiennes étaient très élégantes.

BETTY - Et alors ! Ma tenue vous plaît pas ?

REBBECA - Mais dis-moi, mon cher Charles, où donc as-tu rencontré cette adorable « Betty » ?

RICHARD - Betty est issue d'une grande famille française…

REBBECA - Ah oui ? Une grande famille française ? Bien sûr. Dans laquelle Betty était employée, je suppose. Aux cuisines peut-être ?

> *(Pendant ce temps Margaret entre portant un plateau pour le thé. Elle pose le plateau sur la table.)*

BETTY - Non mais dites donc…

(Charles retient Betty.)

CHARLES - Allons, Mesdemoiselles, un peu de retenue. *(A Rebbeca.)* Betty est vêtue de cette façon, parce que c'est la dernière mode à Paris. *(A Betty.)* Il faut excuser Rebbeca, elle a son franc parlé, mais elle a de grandes qualités.

REBBECA *(s'approchant de Charles)* - Je suis heureuse, mon cher Charles, de voir que tu m'apprécies pour mes grandes qualités.

(Betty tire Charles vers elle.)

BETTY *(à Rebbeca)* - Attention, chasse gardée ma belle!

(Charles prend Betty par le bras pour tenter de l'emmener vers la sortie.)

CHARLES - Je pense ma chérie, que nous avons un petit travail à régler. Tu vois de quoi je veux parler?

BETTY - Oui, je vois bien sûr.

REBBECA - Oh! Vous n'avez pas terminé la vaisselle, Betty?

(Betty furieuse se lance vers Rebbeca. Charles la retient.)

BETTY - Oh! Celle là…

CHARLES - Viens Betty. Nous avons un coup de fil à passer. Richard, aurais-tu un endroit plus calme d'où nous pourrions téléphoner?

RICHARD - Bien sûr, mon bureau. Venez, je vais vous accompagner.

(Ils sortent tous les trois, laissant Rebbeca et Margaret.)

SCENE 3

REBBECA - MARGARET - GISELE

Rebbeca et Margaret sont seules sur la scène. Rebbeca est furieuse et fait les cent pas tout le long de la scène, pendant qu'elle parle à Margaret.

REBBECA *(elle crie)* - Margaret! Est-ce que vous avez vu cette femme?

MARGARET - Vu cette femme? C'est assez difficile de ne pas la remarquer.

REBBECA - J'enrage… Hum, j'enrage littéralement.

MARGARET - Mon Dieu, comment Monsieur Charles peut-il s'afficher avec une personne de ce genre? C'est indigne de lui…

REBBECA - Oh! Charles n'est pas responsable. Je le connais bien, c'est un homme de goût.

MARGARET - Certainement, si vous le dites.

REBBECA - Non, ce n'est pas Charles; c'est cette femme qui est responsable. *(Elle s'arrête de marcher.)* C'est certain, elle l'a envoûté. Je ne vois pas d'autre explication.

MARGARET - Je sais bien que certaines femmes sont des sorcières. Mais de là à dire que celle-ci a envoûté Monsieur Charles, vous allez peut-être un peu loin.

REBBECA - Pas du tout. C'est tout à fait possible. J'ai lu plusieurs livres sur le sujet, et croyez-moi, des cas d'envoûtement incroyables ont été recensés… *(Elle se calme et parle doucement.)* Charles est un homme sensible, généreux… *(Elle se remet en colère.)* C'est la cible idéale.

MARGARET - Mais Monsieur Charles est un homme intelligent…

REBBECA - L'intelligence n'a rien à voir avec cela. Non, non… *(Elle réfléchit.)* Une seule chose est certaine, cette « Betty » a ensorcelé Charles et la seule façon de rompre le charme est de se débarrasser d'elle.

MARGARET - Se débarrasser… Mademoiselle Rebbeca vous y allez peut-être un peu fort. Vous m'effrayez.

REBBECA - Allons Margaret, je n'ai pas dit que j'allais la supprimer. Non… Il suffirait simplement de la faire partir… Peut-être en lui faisant une belle peur.

MARGARET - Là, c'est à moi que vous faites peur. Et comment comptez vous vous y prendre ?

REBBECA - Je ne sais pas encore. *(Elle réfléchit.)* Et si nous demandions conseil à Lady Mac Kinley… Oui, c'est exactement ce qu'il faut faire. *(Margaret pousse un énorme soupir.)* Allez Margaret, vous allez m'aider.

(Rebbeca allume un chandelier qu'elle pose sur la table et va chercher le cône. Margaret dispose les chaises autour de la table.)

MARGARET - Vous savez que je n'apprécie pas tellement ce genre de pratique… Et puis, je ne sais pas si je suis très douée. *(Elle tente de sortir de la pièce discrètement.)*

REBBECA - Margaret ! Je vous en prie. Ne soyez pas stupide. Lady Mac Kinley n'a jamais mangé personne. Du moins pas récemment. *(Elle s'assied à la table.)* Allez, installez-vous près de moi… *(Margaret hésite.)* Allez ! *(Rebbeca met le cône sur la tête.)*

MARGARET - Je croyais que cette chose fonctionnait uniquement avec les rayons du soleil ?

REBBECA - Oui je sais, mais on va quand même essayer. Comme ça, on sera fixé.

MARGARET *(s'installant près de Rebbeca)* - Et que dois-je faire à présent ?

REBBECA - Posez les mains à plat sur la table, comme moi… Bien. Maintenant approchez votre main droite de la mienne. Il faut que votre auriculaire droit soit en contact avec mon petit doigt gauche.

MARGARET - Comme cela ?

REBBECA - Parfait. Bien, à présent concentrez-vous. Pensez très fort à Lady Mac Kinley.

(A ce moment la lumière s'éteint, seules les deux femmes restent éclairées.)

MARGARET *(elle pousse un cri)* - Ah !!!

(Rebbeca et Margaret demeurent quelques secondes le regard fixe, sans bouger. Coup de tonnerre.)

REBBECA *(elle parle très lentement, en découpant chaque syllabe)* - Lady Mac Kinley… Lady Mac Kinley, êtes-vous avec nous ?

MARGARET - Croyez-vous qu'elle va nous répondre ?

Rebbeca - Chut… Concentrez vous et taisez-vous! Lady Mac Kinley êtes-vous avec nous? Au nom des anciens, respect soi pour vos cendres…

(Coup de tonnerre. A ce moment tout doucement la table se met à glisser sur le côté. Un instant les deux femmes se regardent puis lentement regardent de nouveau la table. Elles parlent sans bouger, les mains sont restées à plat devant elles.)

Margaret - Mon Dieu, Mademoiselle Rebbeca, mais que se passe-t-il?

Rebbeca - Je n'en sais strictement rien. C'est la première fois que je vois ça.

Margaret - La table continue d'avancer. Mais jusqu'où va-t-elle aller?

Rebbeca - Je ne sais pas… Allez que diable, un peu de courage. Allons la récupérer.

(Elles se lèvent et vont chercher la table. Mais quand elles tirent, la table résiste.)

Rebbeca - Allez Margaret! Tirez plus fort. *(Rien ne se passe.)*

Margaret - Je fais ce que je peux.

Rebbeca - Allez, plus fort!

Margaret - Seigneur! Une table Louis-Philippe. Mais que va dire Monsieur Richard?

Rebbeca - Laissez mon frère et aidez-moi plutôt. A trois, nous tirons de toutes nos forces, en même temps. Un, deux, trois… *(Rien ne se passe.)* Ecoutez Margaret, vous, vous retenez la table pour éviter qu'elle n'aille plus loin. Pendant ce temps, j'appelle Lady Mac Kinley à l'aide.

Margaret - Sauf votre respect, Mademoiselle, faites vite car je ne tiendrai pas très longtemps.

Rebbeca *(s'asseyant les mains à plat devant elle)* - Lady Mac Kinley m'entendez-vous? *(Coup de tonnerre.)*

Margaret - Oh! Je vous en supplie, dépêchez-vous!

Rebbeca - Si vous m'entendez Lady Mac Kinley, conjurez le sort qui a été jeté sur cette table, je vous en prie. *(Coup de tonnerre.)*

(A ce moment la table cesse de résister. Et Margaret manque de tomber à la renverse. Elle est affolée.)

Margaret - Voyez ce que je vous disais. Toutes ces bêtises n'amènent rien de bon.

(Elles replacent la table.)

REBBECA - Venez Margaret. Reprenons.

MARGARET - Alors là, sans moi !

REBBECA - Margaret, venez vous asseoir ! Mais peut-être préférez-vous voir cette « Betty » s'installer ici ?

MARGARET - Ah non ! Sûrement pas !

(Malgré elle, elle vient s'asseoir près de Rebbeca. Les deux femmes fixent le public sans bouger.)

REBBECA *(lentement)* - Lady Mac Kinley… Lady Mac Kinley êtes-vous avec nous ?

(Coup de tonnerre. Tout à coup on entend une musique de tam-tam africain.)

MARGARET - Qu'est-ce que c'est encore que ça Mademoiselle ?

REBBECA - Je n'en sais rien du tout. En tous cas, ce n'est pas de la musique écossaise. Quand Lady Mac Kinley me rend visite d'habitude, je n'entends jamais de musique. C'est certainement vous, Margaret, qui émettez des ondes négatives, en refusant de vous abandonner totalement aux esprits. Vous les offensez et ils se vengent.

MARGARET - Je vous avais prévenue que je n'étais pas douée… Peut-être Lady Mac Kinley est-elle en voyage en Afrique ?

REBBECA - Mais voyons Margaret, cela ne se fait pas. Un fantôme qui sait vivre ne voyage pas. Il hante l'endroit où il vivait avant sa mort, un point c'est tout.

(La musique s'amplifie.)

MARGARET *(semble très inquiète)* - Si ce n'est pas Lady Mac Kinley, il s'agit alors peut-être de l'esprit d'un sauvage. Ah mon Dieu ! Ces gens là n'ont aucun savoir-vivre. Pas d'éducation. Ils ne parlent certainement même pas l'anglais. Que va-t-il nous arriver ?

REBBECA - Lady Mac Kinley est-ce vous ?

(Une voix avec un fort accent africain répond:
VOIX - Ah dites donc ! Mais qu'est-ce que c'est que ce bordel ? Il n'y a pas moyen de dormir tranquillement ici. On est tout le temps dérangé. Et qu'est-ce qu'elles me veulent les deux gonzesses là dis donc ?)

31

MARGARET - Excusez-nous Monsieur. Nous ne voulions pas vous déranger.

(**VOIX** - Le repos éternel, tu parles. Si ça continue il va y avoir des représailles.)

REBBECA - J'ai dû faire une erreur dans la formule… Voyons où l'ai-je mise ? *(Elle fouille ses poches et sort un papier.)* Ah non, ça c'est la notice de fonctionnement du micro-ondes. Tiens, je l'avais cherchée partout.

MARGARET - Je vous en prie, faites vite. On ne sait pas ce dont ces gens là sont capables.

REBBECA *(elle sort un autre papier de sa poche)* - Ah voilà ! Nanana… Nanana… Oui c'est ça, j'ai fait une inversion. Cet esprit n'est pas celui de Lady Mac Kinley.

MARGARET *(moqueuse)* - Ah ! Vraiment ? J'en suis fort étonnée.

REBBECA - Allons-y rapidement. Concentrons-nous…

(Coup de tonnerre.
La musique s'arrête brusquement. Puis à ce moment une silhouette apparaît dans la pénombre, au fond de la scène. Les deux femmes se retournent puis rapidement font face de nouveau au public.)

MARGARET *(elle parle bas)* - Mademoiselle Rebbeca, avez-vous vu la même chose que moi ?

REBBECA - Je pense que oui.

MARGARET - Et cette fois, pensez-vous qu'il s'agisse de Lady Mac Kinley ?

REBBECA - Il n'y a pas de doute. Je pense que oui.

(Margaret se rapproche de Rebbeca jusqu'à être collée contre elle. Elle prend son mouchoir pour se tamponner le nez.)

MARGARET - Et à présent qu'elle est avec nous, qu'allons-nous faire ?

REBBECA - Et bien, nous allons faire comme prévu. Nous allons l'interroger. *(Plus fort.)* Lady Mac Kinley, est-ce vous ?

(A ce moment, on entend un bruit d'objet qui tombe. La lumière revient et on découvre Gisèle, avec ses valises.)

GISELE - Et bien dites donc, vous m'avez fichu une de ces trouilles. *(Margaret et Rebbeca se taisent, bouche bée.)* Vous êtes folles de rester dans le noir comme ça. *(Elle s'installe.)* Vous faites des économies d'électricité ou quoi ? C'est vrai qu'on est en Ecosse. *(Puis elle remarque Rebbeca.)* Mais qu'est ce que vous fabriquiez avec ça sur la tête ? C'est pas mardi gras pourtant.

(Rebbeca enlève vite son cône.)

MARGARET *(méprisante)* - Nous étions en relation avec des revenants.

GISELE - Tu parles des revenants ! Vous n'allez pas me dire que vous croyez à des machins pareils.

REBBECA *(hautaine et dévisageant Gisèle)* - Et à qui avons-nous l'honneur ?

GISELE - Ah oui ! J'oubliais de me présenter. Gisèle. Je suis une amie de Charles et Betty. Ils m'ont passé un coup de fil tout à l'heure, j'étais dans le coin ; alors me voilà !

MARGARET - Gisèle ? Une amie de Betty ? Et bien, il ne manquait plus que cela.

REBBECA - Comme vous dites, Margaret.

MARGARET - En tous cas, moi je suis rassurée de savoir qu'il ne s'agissait pas d'un fantôme.

GISELE - Un fantôme ! Ah, ah ! Tu parles qu'elle blague ! Ça n'existe pas.

(A ce moment, à l'autre bout de la scène un objet tombe sans raison. Un cadre bouge. Puis il y a un coup de tonnerre.)

REBBECA *(en souriant elle va ramasser l'objet tombé et redresse le cadre)* - Que disiez vous ? Ça n'existe pas ?

(Gisèle ne semble pas très rassurée.)

GISELE - Ben, à vrai dire, je ne sais plus moi.

REBBECA - Je vais prévenir vos amis de votre arrivée.

MARGARET *(pressée de sortir)* - Je vous accompagne.

REBBECA - Bon courage « Gisèle » !

(Elles sortent, laissant Gisèle seule et angoissée. Rebbeca emmène le cône.)

SCENE 4

CHARLES-BETTY-GISELE

Gisèle est seule sur la scène. Elle va s'asseoir dans un fauteuil en mettant un coussin sur ses genoux. Elle a visiblement peur.

GISELE - Mais où est-ce que je suis tombée ? Qu'est-ce que Charles et Betty font ici ? Dans ce trou perdu ? Et c'était qui, ces deux folles ? Et alors, quelle allure elle avait, l'autre là, avec cette espèce d'entonnoir sur la tête. On est peut-être dans un asile. J'ai l'impression que je me suis encore fourrée dans de beaux draps. Ah ! C'est tout moi, ça ! *(Elle se lève et va examiner prudemment l'objet qui vient de tomber.)* Des fantômes ! Ça n'existe quand même pas. Je sais bien qu'on est en Ecosse, mais je pensais que c'était des histoires pour touristes. *(Elle touche l'objet, l'examine de plus près.)* Non, pas de trucage. Y'a quelqu'un ? Répondez, y'a quelqu'un ?

(A ce moment, Charles entre.)

CHARLES - Ah, Gisèle ! Tu es arrivée ! Personne ne m'avait prévenu. *(Il l'embrasse.)*

GISELE - A vrai dire, j'ai encore pas vu grand monde. J'ai juste vu ces deux…

(Betty arrive à son tour. Elle bondit vers Gisèle, l'interrompant.)

BETTY - Gigi ! Ma Gigi ! Tu es là.

(Les deux filles s'embrassent.)

GISELE - Oui, je suis là. Et je vais vous dire, je sais vraiment pas pourquoi. Et je sais pas non plus ce que vous, vous faites ici, dans cet espèce de trou à rats, avec ces deux folles.

CHARLES - Ces deux folles ?

GISELE - Oui. L'espèce de coincée, avec son petit mouchoir…

CHARLES - Ah là, je pense qu'il s'agit de Margaret.

BETTY - Oui certainement. *(Elle singe Margaret.)*

GISELE - Et y'a pire ! Y'avait l'autre femme avec ses longs cheveux bruns et son entonnoir sur la tête. *(Elle fait le geste.)*

BETTY *(riant)* - Ça, ce doit être Rebbeca.

34

Charles - Avec un entonnoir sur la tête ? Ça m'étonnerait. Tu as dû rêver Gisèle.

Betty - Ce ne serait pas étonnant. J'ai vu tout de suite qu'elle était pas bien finie cette fille.

Gisele - Et puis j'ai pas rêvé. Elle était devant la table, dans le noir, à parler avec des revenants.

Charles - Ah mais oui ! Ça devait être Rebbeca.

Gisele - Et bien moi je vous le dis, il se passe ici des choses pas très claires.

Charles - Mais non Gisèle. Nous sommes ici chez mon meilleur ami, Richard MAC GREGOR. Rebbeca est sa sœur. Elle parle certes, paraît-il, avec des revenants, mais elle n'est pas folle…

Betty *(à Charles)* - Que tu dis.

Charles - Et Margaret est la gouvernante.

Betty - C'est vrai qu'elles sont pas très accueillantes, mais t'en fais pas, elles sont pas dangereuses. Regarde ! *(Elle fait un tour sur elle-même.)* Il me manque pas un steak !

Gisele - Et bien moi, je vous dis que quand je suis arrivée, tout était noir. J'ai entendu plusieurs coups de tonnerre, alors qu'il n'y avait même pas d'orage dehors. Puis la lumière est revenue, et j'ai vu ces deux allumées. Et enfin il y a eu la lampe, tenez celle-là… *(Elle montre la lampe.)* … qui est tombée toute seule. Et le cadre qui a bougé.

Betty - Je t'assure que depuis que je suis ici, rien de tout cela ne s'est passé.

Charles - C'était peut-être une impression… Un effet d'optique… Dû à la fatigue du voyage…

Gisele - La fatigue du voyage ? Pour trente kilomètres ? Ecoutez, je vois bien que vous ne me croyez pas. Et pourtant, je suis pas folle, j'ai bien vu et entendu tout ce que je viens de vous raconter. Et moi, vous pouvez me dire ce que vous voulez, je ne reste pas une minute de plus dans cet endroit.

Betty - Oh non Gigi ! Ne pars pas tout de suite, tu peux pas nous faire ça. Il y a certainement une explication simple, et Charles va la trouver. N'est-ce pas Charles ? *(Air étonné de Charles.)*

Charles - Mais oui, bien sûr. Il y a une explication très simple. *(Charles essaye de gagner du temps pour réfléchir et trouver une explication.)* Tiens, assieds-toi Gisèle, je vais te servir un petit remontant, tu as l'air d'en avoir besoin. Et après je te dis tout. Je vois très bien de quoi il s'agit.

(Il lui sert un verre. Pendant ce temps, Betty va s'asseoir près de Gisèle pour la rassurer et Charles vient s'asseoir de l'autre côté.

(Il semble réfléchir encore quelques secondes puis...) Le tonnerre, en fait c'était... c'était... *(On voit nettement qu'il ment.)* ... des explosions qui proviennent d'une carrière située pas très loin d'ici. Je les ai déjà entendues.

BETTY - Ah! Les explosions! *(On voit très bien qu'elle ment aussi.)* Moi aussi, je les ai entendues plusieurs fois. Et bien tu vois, ce n'était rien.

GISELE - Vous ne me mentez pas?

CHARLES et BETTY *(ensemble)* - Oh non!

CHARLES - Croix de bois, croix de fer, si je mens je vais en enfer.

GISELE - Et les objets?

CHARLES - Un courant d'air.

BETTY - Ah là! Charles a raison. Je m'en suis aperçue, cette vieille demeure est remplie de courants d'air.

GISELE - Vraiment?

BETTY - Oui, vraiment.

CHARLES - Mais oui, je t'assure.

GISELE - Vous êtes certains?

CHARLES et BETTY *(ensemble)* - Oui, certains!

GISELE *(sur un ton jovial)* - Et bien, me voilà rassurée. Je vous crois. Après tout vous êtes mes amis, et je vous fais confiance... Ah! Ce que l'imagination peut faire. C'est incroyable.

CHARLES *(se levant)* - Tu veux un autre verre?

GISELE - Ah oui! Volontiers.

(Gisèle se lève et va prendre le verre que Charles lui tend.)

BETTY - Gisèle! Ce petit ensemble! Il est vraiment adorable.

(Gisèle tourne pour que Betty puisse l'admirer.)

BETTY - Et les chaussures ! Elles sont splendides ! Mais où est-ce que tu as acheté ça ?

GISELE - Tu sais bien, la petite boutique, rue des Martyrs.

BETTY - Ah oui, je vois très bien.

GISELE - Tu verrais, ils ont pleins de nouveaux trucs. Il y avait une petite jupe en imitation peau de zèbre, avec des collants à rayures…

BETTY *(toute excitée)* - Ah, ce que ça devait être chouette !

GISELE - Et puis, avec ça, pas cher. Allez, dis un prix pour le tout.

BETTY - Je sais pas moi… six cents, six cent cinquante.

GISELE - Trois cents.

BETTY - Trois cents ? Tu as entendu ça, Charles ? Trois cents !

CHARLES *(il est plongé dans une revue et il est indifférent à la conversation des deux filles)* - Trois cents ? Incroyable. Mais peut-être devrions-nous discuter de choses plus sérieuses.

GISELE - Oh oui, tu as raison. *(A Betty.)* Justement tu te souviens de Marie-Rose ?

BETTY - Marie-Rose ?

GISELE - Mais si, celle qui était chez Lulu, l'autre soir. Habillée tout en rose bonbon et vert pistache, tu sais bien. On aurait dit une montagne de loukoums.

BETTY - Ah oui ! Je me souviens. Avec tous ses nœuds dans les cheveux et les lunettes de star.

GISELE - C'est ça ! Et bien figure-toi, que je l'ai rencontrée chez le coiffeur avant-hier. Alors on a papoté, tu vois, histoire de passer le temps quoi. Et bien, tu ne sais pas qu'elle s'est fait refaire le portrait, l'année dernière.

BETTY - Tu vois, ça ne m'étonne pas. Elle faisait pas naturelle. Je trouve que ça se voyait.

GISELE - C'était dégoûtant. Elle avait tellement de rides, qu'ils ont été obligés de lui prendre de la peau sur… *(Elle chuchote quelque chose à son amie à l'oreille.)* … pour lui remettre sur la figure, dis donc.

BETTY - C'est dingue ! Surtout pour en arriver à un résultat pareil.

CHARLES - Excusez-moi, Mesdemoiselles, d'interrompre ce bouillon de culture, mais je vous rappelle que nous ne sommes pas ici pour écrire la chronique mondaine de Paris Match, mais bien pour un petit travail.

GISELE - Mais de quoi tu veux parler ? Vous n'êtes pas ici en week-end ? Et dis-moi Charles, depuis quand tu travailles, toi ?

CHARLES - C'est très drôle Gisèle. *(A Betty.)* Tu ne crois pas ma chérie, qu'il serait temps d'expliquer à ton amie le pourquoi de notre présence ici.

BETTY - Mais si, bien sûr. Alors, écoute-moi bien Gigi. Tu ne vas pas en croire tes oreilles.

GISELE - Je ne suis plus à ça près, aujourd'hui.

BETTY - Alors voilà, nous sommes ici chez Richard, l'ami d'enfance de Charles. *(Charles approuve.)* Le vieux de Richard a passé l'arme à gauche il y a quelques semaines.

CHARLES *(montrant le tableau)* - Betty ! Un peu de respect pour ce pauvre Lord MAC GREGOR.

BETTY - Ben quoi, c'est pas vrai ce que je dis ?

CHARLES *(il abandonne)* - Si, si.

BETTY - Après ça, le notaire a dit à Richard qu'il héritait de tout, le château, les terres etc… et c'est donc là que tu interviens…

GISELE - Attends un peu, Betty. J'ai loupé un épisode ou quoi ? Qu'est-ce que je viens faire là-dedans ?

CHARLES - Et bien voilà. Richard ne pourra jouir de sa fortune que s'il se marie et donne à sa famille un héritier. Il m'a donc demandé de l'aider à se trouver une épouse convenable et nous avons pensé à toi… *(Gisèle est interdite.)* Tu veux un autre verre Gisèle ?

GISELE - Ah oui ! C'est pas de refus. Mais dites-moi, tous les deux, vous êtes tombés sur la tête ou quoi. A moins que ce soit le climat de l'Ecosse qui vous ait givré le ciboulot.

BETTY - Mais Gisèle, tu ne te rends pas compte de la chance que ce serait pour toi. « Lady MAC GREGOR ».

GISELE - Non mais, revenez sur terre, les tourtereaux. D'abord, je n'ai pas du tout envie de me marier. Et puis, je ne le connais même pas votre Richard.

CHARLES - Tu verras, c'est un homme charmant…

BETTY - Et puis, pas mal du tout avec ça. Hein, Charles ?

GISELE - Stop, stop. Vous ne vous rendez pas bien compte. Mais en imaginant que j'accepte, et que je me marie avec votre copain. Ça voudra dire que je devrai vivre ici, dans le château de la belle au bois dormant, avec les carrières qui explosent et des courants d'air à vous donner la chair de poule.

CHARLES - Attends Gisèle. Tu n'as pas encore tout visité. Tu en reparleras après. C'est un château magnifique.

GISELE - Ça voudra dire aussi, que je devrai me farcir toute la journée « Miss entonnoir et sa première dauphine ». Ah non merci ! Très peu pour moi.

BETTY - Tu devrais peut-être réfléchir Gigi. Tu sais, la fortune de Richard est énorme. Et puis être « Lady » n'a pas que des inconvénients, il y a aussi pas mal d'avantages.

CHARLES - Fini les fins de mois difficiles, le petit deux pièces, les théâtres miteux pour des cachets à quatre sous… Avec un titre comme ça, les meilleurs metteurs en scène seront flattés de t'avoir dans leur troupe…

BETTY - Tu te rends compte Gisèle. Quelle chance ! Et puis une fois mariés, Richard touche l'héritage et toi, si tu ne te plais pas ici, tu pourras toujours demander le divorce. En tant qu'épouse, y'a forcément une partie du « pactole » qui te reviendra.

GISELE - Naturellement, vu comme ça. Mais en admettant que j'accepte, qu'est-ce qui vous dit que je vais lui plaire à Richard ?

BETTY - Alors pour ça, on s'inquiète pas. Quand tu as décidé de plaire à un homme, tu y arrives toujours.

CHARLES - Et puis il faut qu'on te dise aussi que Richard… Comment dire… N'a jamais… enfin…

BETTY - Ben oui quoi, pas la peine de tourner autour du pot. Richard c'est pas de l'occasion, c'est du neuf. Tu comprends ? « Du neuf ».

GISELE - Vraiment ? Ben dis donc, comme dirait ma copine Gertrude de Bruxelles… *(Avec l'accent belge.)* … « Faut le mettre sous protection. Il fait partie d'une race en voie d'extinction. »

BETTY - Alors tu parles que quand tu vas lui sortir ton grand jeu, il va pas tenir trois minutes.

GISELE - Je ne sais pas trop. J'ai l'impression d'être comme quelqu'un qui va mettre les doigts dans une prise de courant. Il sent qu'il va lui arriver quelque chose, mais il ne sait pas encore bien quoi.

CHARLES - Je t'assure Gisèle, c'est sans danger.

GISELE - Se marier, sans danger ? Ça c'est toi qui le dit. *(Elle les regarde l'un après l'autre.)* Tant pis, je me jette à l'eau. On verra bien. Je suis d'accord.

BETTY - C'est magnifique !

CHARLES - Bravo !

GISELE - Mais qu'est ce que vous avez à gagner là-dedans ?

BETTY - Rien, rien du tout.

CHARLES - C'est juste par amitié.

GISELE - Alors, quand est-ce que je le rencontre le beau Richard ?

CHARLES - Ecoute, il serait plus prudent, afin que cette rencontre fasse plus naturelle… Tu comprends il n'a jamais eu de petite amie, et ce serait plus facile pour lui, de se retrouver face à quelqu'un de son rang… Il serait plus en confiance… Bref, il faudrait que tu te fasses passer pour une jeune aristocrate.

GISELE *(étonnée)* - Moi ? Une jeune aristocrate ?

BETTY - Tu verras Gisèle, c'est facile comme tout. Moi aussi je me fais passer pour une jeune fille de la haute société depuis qu'on est ici. Et je m'en sors très bien. N'est-ce pas mon minou ?

CHARLES - Ah oui ! C'est… Pas mal du tout. Mais peut-être, si je peux me permettre, gagneriez-vous en crédibilité, en étant quelque peu discrètes.

BETTY - Mais non Charles, au contraire. Il faut que les gens remarquent que nous sommes racées, que nous avons du chien. Si nous sommes trop discrètes, ils ne verront rien.

(Tout en parlant, Betty marche le long de la scène, comme un mannequin dans un défilé de mode. Puis elle se dirige vers Gisèle.)

Regarde Charles, on la refait : Mais dites-moi ma chère, vous portez un petit ensemble positivement adorable. Mais où donc l'avez-vous déniché ?

GISELE *(sur le même ton)* - C'est le couturier de la reine qui l'a confectionné pour moi.

BETTY - C'est véritablement une pure merveille. Il a le don de mettre votre silhouette en valeur.

GISELE - Je vous remercie. Mais dites-moi, très chère, désirez vous prendre une tasse de thé ?

BETTY - Volontiers, j'ai une envie absolument folle de me désaltérer.

GISELE - Mon cher Charles, vous joindrez-vous à nous ?

CHARLES *(très amusé)* - Mais avec grand plaisir, Mesdames.

GISELE *(faisant semblant de sonner)* - Diling, diling, diling, Margaret faites-nous apporter du thé, je vous prie.

CHARLES *(riant)* - Vous êtes prodigieuses ! On pourrait s'y tromper.

GISELE - Mais que dites-vous mon ami ? Vous divaguez. Nous sommes les demoiselles de « Machin truc » et nous venons de… *(Puis tout à coup affolée.)* Mais au fait quel est notre nom ?

(A ce moment, Richard entre sur la scène. Il tousse et les deux filles se taisent.)

SCÈNE 5

CHARLES - BETTY - RICHARD - GISELE - MARGARET

Charles, Betty et Gisèle sont sur la scène. A ce moment Richard entre, il tousse.

BETTY - Ma foi, quand on parle du loup.

CHARLES - Ah Richard ! Tu tombes à point nommé. Nous étions justement en train de parler de toi.

RICHARD - Alors, c'est moi le loup.

BETTY *(faisant une révérence)* - Je ne voulais pas vous froisser. Veuillez m'excuser.

(Betty fait signe à Gisèle de faire la même chose qu'elle. Celle-ci s'exécute. Charles gêné, se place devant les deux filles et fait lui aussi la révérence à Richard.)

CHARLES *(sur un ton de plaisanterie)* - Ne sois pas étonné Richard. C'est une coutume dans la famille de Betty, enfin d'Elisabeth et de Gisèle, de faire la révérence devant une personne chez qui on est invité. Ils font cela depuis des générations.

(Charles se relève et frappe dans ses mains.)

CHARLES - Allez, terminé Mesdemoiselles, vous pouvez vous relever.

(Charles remet ses vêtements en place, pendant que Richard étonné demeure droit devant lui.)

GISELE *(à Betty)* - Pourquoi Charles t'appelle-t-il Elisabeth ? Je croyais que tu détestais ce prénom.

BETTY - Ah ! Ne m'en parle pas. C'est une idée à lui. *(Elle hausse les épaules.)*

RICHARD - Et bien ma foi, je n'avais jamais entendu parler de ce genre de coutume. Mais c'est fort amusant.

CHARLES *(afin de dissuader les deux filles de recommencer)* - Amusant, certes, mais extrêmement « dangereux ». La grand-mère d'Elisabeth et Gisèle s'est fait comme cela de nombreux lumbagos. Rien qu'à cause de cette coutume ancestrale. Il serait dommage que la même chose vous arrive ce week-end, Mesdemoiselles.

RICHARD - Certainement. Ainsi donc, Mesdemoiselles, vous êtes parentes.

GISELE - Pas du tout…

CHARLES *(l'interrompant)* - Mais si. Enfin Gisèle ! Excuse-moi, Richard, je manque à tous mes devoirs. Je te présente Gisèle, la cousine germaine de Betty… Gisèle, voici mon grand ami Richard, dont je te parlais il y a un instant.

RICHARD *(lui baisant la main)* - En bien j'espère. Je suis tout à fait ravi.

GISELE *(elle hésite à faire la révérence)* - Votre… Monsieur… *(A Betty.)* Qu'est-ce que je dois dire ?

BETTY - T'as qu'à dire simplement Richard. Hein ? Les amis de Richard sont ceux de Charles… ou le contraire.

CHARLES - Vois-tu Richard, Gisèle est donc une cousine d'Elisabeth. *(Betty râle.)* Cette jeune fille habite encore chez ses parents… Elle est célibataire.

RICHARD *(qui ne comprend pas le message)* - Ah, Ah ! C'est très intéressant. Mais excuse-moi Charles. Alors qu'en est-il de notre petit arrangement ?

CHARLES - Justement ! Je te disais donc que Gisèle habitait dans la propriété de ses parents, près de Vincennes… Elle est comme qui dirait « célibataire ».

RICHARD - Oui, oui, bien sûr. Je vous félicite Mademoiselle. Mais dis-moi Charles, je voulais savoir… est ce que tu as un peu avancé ?

CHARLES *(il commence à marquer de l'impatience)* - Oui, oui! A ce propos, je te disais que, par exemple, si tu prends au hasard, Gisèle tiens. Tu vois, cette jeune personne n est pas mariée.

RICHARD *(à Gisèle)* - Ah? Vous non plus?

CHARLES - Et oui! Comme quoi, le hasard fait parfois bien les choses. *(A Gisèle.)* Vas-y toi, moi je renonce. *(Charles pousse Gisèle qui résiste vers Richard.)*

GISELE *(se retournant vers Charles)* - Attends un peu, tu me prends de court. Je n'ai pas encore eu le temps de réfléchir à la façon dont j'allais m'y prendre.

CHARLES - Improvise voyons, improvise.

BETTY - Mais oui Gigi. Imagine que tu es sur la scène.

GISELE - Plus facile à dire qu'à faire. *(Elle fait un sourire forcé à Richard.)*

RICHARD *(à Charles)* - Excuse-moi de t'interrompre. Mais je voudrais savoir si tu as du nouveau, et…

CHARLES - Et bien oui. Mais je dois encore passer un coup de fil pour m'en assurer. Tu viens Betty?

BETTY - Comment?

CHARLES - Tu viens avec moi, ma chérie. Pendant ce temps-là, peut-être que Richard et Gisèle pourront faire plus ample connaissance.

BETTY - Ah oui! Bien sûr! Pigé.

RICHARD *(affolé et s'accrochant au bras de Charles)* - Attends Charles. Tu ne vas pas me laisser seul avec Gisèle. Non, non. Je vais aller régler quelques affaires et nous reparlerons de notre petit arrangement plus tard.

CHARLES - Mais non, reste donc avec notre amie. Tu verras, c'est une jeune fille charmante. Vous avez certainement des tas de points communs. *(Il tire Betty.)*

BETTY *(à Gisèle)* - Bon courage. Y'a du boulot.

(Charles et Betty sortent. Richard se tient debout, les mains dans le dos, visiblement mal à l'aise. Gisèle s'approche de lui d'une démarche langoureuse.)

GISELE - Charles m'a beaucoup parlé de vous. Vous êtes de très bons amis, à ce qu'il m'a dit.

RICHARD - Oui, euh oui, en effet.

GISELE - Vous vivez seul, dans cette grande maison?

RICHARD - Euh non, non. Il y a… Ma sœur… La gouvernante et le personnel.

GISELE *(elle s'approche plus près)* - Mais j'ai cru comprendre que vous n'étiez pas marié.

RICHARD *(il se recule)* - Non… En effet.

GISELE - Mais vous avez bien une amie ?

RICHARD - Non.

GISELE - Vraiment ? Vous m'étonnez. Un homme comme vous doit avoir des tas d'aventures. Vous êtes tellement séduisant. Vous avez tellement de charme.

RICHARD *(il se dégage et va s'asseoir à l'autre bout de la pièce)* Non… Je n'ai pas d'aventure. *(Il pose les mains sur ses jambes et s'occupe à replacer un à un les plis de son kilt.)*

GISELE *(s'asseyant sur l'accoudoir de l'autre côté du fauteuil)* - C'est impossible. Vous ne pouvez pas être libre. Un homme aussi merveilleux que vous n'est jamais libre.

RICHARD - A vrai dire, vous avez raison. Je ne suis pas libre. Je vais bientôt me marier.

GISELE - Oh mon Dieu ! C'est horrible ! Et qui est la vilaine que vous allez épouser ?

RICHARD - Je ne la connais pas encore. Charles doit me la présenter bientôt.

GISELE - Quelle chance elle a. Epouser un homme tel que vous, aussi brillant, intelligent… *(Elle se rapproche.)* … aussi sexy…

(A ce moment Margaret entre en poussant un cri qui interrompt Gisèle.)

MARGARET - Ahh ! Monsieur, le facteur est là. Il y a un recommandé pour vous et vous devez le signer.

RICHARD - Mais je ne signe pas d'habitude. C'est vous qui vous en chargez.

MARGARET - Oui, mais cette fois ci…

GISELE *(elle se lève)* - Monsieur vous dit d'aller signer pour lui. Alors allez.

MARGARET *(sortant)* - Oh ! Alors ça !

GISELE - Alors, de quoi parlions-nous ?

RICHARD *(se levant)* - De rien. Il va falloir que j'y aille…

GISELE *(elle pose ses mains sur les épaules de Richard pour le forcer à rester assis)* - Ah non! Pas déjà. Nous venons à peine de faire connaissance.

RICHARD - C'est que je suis très occupé...

GISELE - Ça ne m'étonne pas. Je suis certaine que tout ce domaine ne peut pas marcher sans vous. Il faut un homme d'envergure pour diriger tout ceci. *(Richard tousse. Il est très gêné. Enlevant sa veste.)* Vous ne trouvez pas qu'il fait chaud ici?

RICHARD - Non, non, il fait même froid. Très froid.

GISELE *(elle s'approche de lui en marchant à quatre pattes sur le fauteuil)* - Ma parole, vous tremblez. Vous avez vraiment l'air frigorifié. Voulez-vous que je vous aide à vous réchauffer?

RICHARD - Non, ce n'est pas la peine...

(Margaret entre en coup de vent.)

MARGARET - Si vous avez froid Monsieur, je vais m'en occuper. Je vous fais un bon feu dans la cheminée. Je vais tout de suite chercher quelques bûches.

GISELE *(elle se lève et va pousser Margaret dehors)* - C'est ça. Allez donc chercher des bûches. Vous devriez d'ailleurs les couper vous-mêmes, tout au fond du bois. Et ne vous pressez pas pour revenir. Je m'occupe de Richard pendant ce temps.

MARGARET - Quel toupet!

GISELE - Au revoir Margaret. A tout à l'heure.

(Margaret sort.)

GISELE *(se penche sur Richard)* - Vous devriez vous mettre à l'aise. *(Elle enlève le premier bouton de sa chemise.)* Détendez-vous. Je ne vais pas vous manger. Du moins pas tout de suite.

(Richard se dégage en passant par-dessus le dossier du fauteuil.)

RICHARD *(pour changer de conversation)* - Vous aimez la chasse, Mademoiselle?

GISELE - Bah! Je déteste cela... *(Puis elle se ravise.)* Non, non, je plaisantais. Bien sûr, j'adore chasser. Surtout une certaine sorte de gibier.

RICHARD - Moi aussi j'aime beaucoup la chasse. Je pratique la chasse à cours. Je chasse le renard, le cerf...

GISELE - Oh oui! Continuez à me parler de vous. Vous avez une façon si envoûtante de raconter des histoires, on s'y croirait.

45

RICHARD *(on le sent tout à coup plus détendu, passionné par ce qu'il raconte)* - Il faut voir d'abord la meute. Dès les premières lueurs du jour, les chiens aboient, gémissent. Ils ont comme un sixième sens. Ils savent que c'est le grand jour.

GISELE - Oh oui, continuez. Allez… Parlez… Parlez… J'aime tellement le timbre de votre voix.

Margaret entre.

MARGARET - Monsieur, je dois donner les ordres pour le dîner. Savez vous combien nous serons ce soir ?

RICHARD - Voyez ma sœur pour cela.

GISELE - Et les bûches Margaret ?

MARGARET - Oh j'y vais, j'y vais. Monsieur ?

RICHARD - Non, ça va aller Margaret. J'ai moins froid. Vous pouvez nous laisser.

MARGARET - Et bien ça alors ! *(Elle sort.)*

RICHARD *(à Gisèle)* - Dès que nous montons les chevaux, les chiens courent dans tous les sens. On a beaucoup de mal à les contenir. Puis quand nous galopons…

GISELE - Ce que j'aimerais vous voir galoper sur votre pur-sang. Votre visage magnifique fouetté par le vent. *(Richard se regarde dans le miroir, il semble flatté.)* Votre regard si perçant, si brillant qui fixe la proie… *(Elle s'approche.)* Vos mains puissantes, charnues qui guident les rennes… Vos cuisses, oh oui, vos cuisses si musclées qui serrent les flancs du cheval…

(Margaret entre.)

MARGARET - Vous m'avez sonnée, Monsieur ?

RICHARD - Non Margaret.

MARGARET - J'ai bien entendu sonner.

RICHARD - Mais non, je vous assure.

MARGARET *(sans bouger)* - Et bien, j'ai dû me tromper.

RICHARD - En effet Margaret… Merci Margaret.

(Margaret ne bouge pas.)

RICHARD - J'ai dit merci, Margaret.

MARGARET - Si vous avez besoin de quelque chose, Monsieur, n'hésitez pas à m'appeler.

RICHARD - Je n'y manquerai pas. A ce propos, pouvez-vous faire monter les bagages de Mademoiselle dans sa chambre ? *(A Gisèle.)* Vous restez avec nous pour le week-end, n'est-ce pas ?

GISELE - Puisque vous insistez.

(Margaret sort visiblement furieuse.)

RICHARD - Vous aimeriez m'accompagner à une partie de chasse, peut-être ?

GISELE *(embarrassée)* - A vrai dire… c'est que… c'est que je ne suis jamais monté sur un cheval… Ma mère me l'a toujours interdit, elle craignait les chutes… Mais avec vous, à mes côtés, je pourrais certainement faire mes débuts… vous semblez si fort, rien ne pourrait m'arriver.

RICHARD - Je suis vraiment très heureux de voir que nous partageons la même passion.

GISELE - En effet. Ça doit être un signe du destin. *(A ce moment Gisèle se tourne vers le portrait de Lord MAC GRECOR.)* Il s'agit de votre père ?

RICHARD - En effet, c'est le portrait de Lord MAC GREGOR, mon père.

GISELE - Quel homme séduisant. Je comprends mieux à présent de qui vous tenez ce physique exceptionnel. Auprès de vous, je me sens tellement… tellement… Ridicule.

RICHARD - Oh non Gisèle ! Ne dites pas cela. Vous permettez que je vous appelle Gisèle ?

GISELE - Bien entendu, je vous en prie.

RICHARD - Vous êtes, vous aussi, tout à fait charmante.

(Margaret entre avec le groom.)

MARGARET *(sèchement)* - Prenez ceci et portez-le dans la chambre verte.

RICHARD - Non Margaret, pas la chambre verte. Elle est retirée et triste. Donnez plutôt la chambre mauve à Mademoiselle. Elle a une vue magnifique.

GISELE - Est-ce qu'elle est près de la vôtre ?

RICHARD *(surpris)* - Ah oui, en effet, elle est juste à côté.

GISELE - C'est parfait. Je me sentirai tellement plus rassurée de dormir si près de vous.

(Richard semble très flatté.)

MARGARET - Et bien, vous avez entendu ? Tout dans la chambre mauve… *(En sortant.)* On n'a jamais vu ça ici.

GISELE *(toujours devant le portrait)* - Le kilt de votre père est d'une couleur surprenante. Il est magnifique.

RICHARD *(allumant sa pipe)* - Vous aimez ? Il s'agit du kilt de cérémonie de notre famille.

GISELE - Vraiment ? Et vous possédez le même ?

RICHARD - Oui. Je le porte très rarement. Uniquement dans les grandes occasions.

GISELE - Vous devez être superbe quand vous le portez. Je pense que si je vous voyais dans ce kilt vous me feriez un effet… Mais un effet… Comment dire ? La plupart des hommes sont si ennuyeux, sans intérêt, fades… Mais vous, vous êtes si passionnant, tellement fascinant.

RICHARD - Vous pensez vraiment ce que vous dites ?

GISELE - Richard ! M'accuseriez-vous de mentir ?

RICHARD - Oh non ! Sûrement pas. Mais je suis si peu habitué…

GISELE - Ne me faites pas croire que vous ne plaisez pas aux femmes. Je ne vous croirais pas. *(S'approchant à nouveau de lui.)* Tout en vous inspire l'amour, vos yeux, vos mains, vos lèvres…

(Margaret entre.)

MARGARET - Cette fois, j'en suis certaine Monsieur, vous m'avez sonnée.

(Richard commence à être agacé par l'attitude de Margaret.)

RICHARD - Mais non Margaret. Je vous assure que non.

MARGARET - Mais si. Je vous jure que si.

RICHARD - Je vous dis que je ne vous ai pas appelée, Margaret.

GISELE - Puisque Monsieur vous le dit. N'insistez pas.

RICHARD - Oh, j'ai une idée merveilleuse. Gisèle, aimeriez-vous visiter ma serre ? Je suis passionné de botanique et j'ai des spécimens de fleurs extrêmement rares.

GISELE - Très volontiers Richard, je vous suis.

(Gisèle prend le bras que Richard lui tend.)

RICHARD *(en sortant)* - Ah Margaret ! Si vous voyez Charles, pouvez-vous lui dire que pour notre contrat, ça peut attendre un peu.

(Richard et Gisèle sortent.)

MARGARET *(seule)* - Mais quelle espèce de… espèce de… Je ne sais quoi. Mais quelle allure, quel culot… Et Monsieur Richard qui se laisse avoir. *(Elle est très fâchée.)* Je l'avais dit, la venue de Monsieur Charles ne va nous amener que des ennuis. Il faut que ces deux filles disparaissent au plus vite. Mademoiselle Rebbeca a raison. Je ne vois pas encore comment faire… Mais ce qui est sûr, c'est qu'il faut absolument faire disparaître ces deux… ces deux… Hum.

(Elle sort.)

LE RIDEAU TOMBE

ACTE III

SCENE 1

CHARLES - **BETTY** - **GISELE** - Intervention de **REBBECA**

Le rideau se lève. La scène est vide. On entend dans les coulisses des bruits de voix et des éclats de rire. Betty entre sur la scène en riant. Gisèle entre à son tour. Les deux filles sont prises d'un fou rire.

BETTY - Je n'arrive pas à y croire. Mais comment est-ce possible ?

GISELE - Si, si, je t'assure, c'est vrai. Il n'imagine pas une seule seconde que vous m'avez fait venir exprès. Il pense que notre rencontre est une coïncidence.

BETTY - Ben dis donc ! On peut dire qu'il a les yeux dans les poches. Et tu lui as fait le coup du : « vous êtes vraiment charmant, irrésistible » ?

GISELE - *(riant)* Oui, oui.

BETTY - Et le coup du « tout inspire l'amour, vos yeux, vos mains » ?

GISELE - Oui, oui.

BETTY *(riant elle aussi)* - Et celui du « ce qu'il fait chaud ici, vous devriez vous mettre à l'aise » ?

GISELE - Oui ça aussi. Enfin, le grand jeu quoi.

BETTY - Et il ne s'est rendu compte de rien ? Ou tu es une comédienne géniale, ou ce type est le dernier des empotés. Ou peut-être les deux.

GISELE - Empoté, certes. Mais tout de même très charmant. Il est si naïf, si…

BETTY - Attends un peu ma cocotte. Tu ne serais pas en train de tomber amoureuse ? Toi, Gisèle !

GISELE - Non, non, tu n'y es pas. Mais il a l'air tellement gentil. Tu vois, je ne le trouve pas si mal finalement.

51

BETTY - Oh, toi ma vieille, tu vas te faire avoir.

GISELE - Mais non, tu me connais. C'est juste histoire de joindre l'utile à l'agréable.

(Betty se lève. Elle va fouiller un peu partout et ouvre les meubles.)

BETTY - Remarque, si tu dois te marier avec lui, c'est vrai, autant que ce soit agréable. Et entre nous, il vaut mieux que le type soit sympa, parce que, dis donc, pour ce qu'y est de l'ambiance, c'est pas torride ici.

GISELE - Ça c'est vrai. Faut dire qu'on est plus près du pôle nord que de l'équateur. Mais qu'est-ce que tu fais ?

BETTY - Je passe le temps… Oh mais j'en crois pas mes yeux ! Gigi, regarde-moi ça ! Une radio ! On va enfin pouvoir s'éclater un peu.

(Betty appuie sur un bouton. On entend une musique classique.)

GISELE - Pas mal Betty. Ça y est, tu t'es enfin décidée à te cultiver ?

BETTY - Tu parles. Erreur d'aiguillage. *(Elle appuie sur un autre bouton. On entend une musique folklorique écossaise.)* Y manquait plus que ça ! De la corne de brume.

GISELE - Je crois que c'est de la cornemuse, Betty.

BETTY - Cornemuse ? T'es sûre ?

GISELE - Oui, certaine. Mais c'est pas si mal, je trouve.

BETTY - Pas si mal ? Ça y est. Tu as attrapé le virus. Mais ma parole, c'est lui qui t'a vampée. Ah, sacré Richard !

GISELE - Attends un peu. Je te parle de goûts musicaux. Ça n'a rien à voir avec Richard.

(Tout à coup, Betty brandit triomphalement un disque.)

BETTY - Regarde, ce petit bijou ! *(Elle embrasse le disque.)* Trouver ça ici, ça relève du miracle. Merci mon Dieu ! On va enfin pouvoir s'amuser un peu.

(Pendant ce temps, Gisèle a pris un magazine qu'elle feuillette. Betty a mis le disque et on entend une musique rythmée.)

BETTY *(se mettant à danser seule)* - Ecoute-moi ça. Quel délice, quel rythme !… Alors Gigi, tu te décides ou quoi ?

GISELE - Non, j'ai pas envie de danser.

BETTY *(tirant Gisèle)* - Oh mais ça va pas. T'es malade ma grande.

GISELE *(changeant d'avis)* - Allez, t'as raison. Ça va faire du bien de se dégourdir.

(Les deux filles dansent, rient et font beaucoup de bruit. A ce moment, Charles entre. Il est vêtu à son tour du kilt écossais.)

BETTY - Mais regarde-moi ça qui nous arrive.

GISELE - Ma parole! C'est une de tes copines?

CHARLES - Oh, je vous en prie Mesdemoiselles. Allez-y, riez, riez donc. Je me sens moi-même tellement ridicule.

BETTY - Oh non ma jolie! Je te trouve drôlement sexy… *(Elle s'approche de Charles.)* Et qu'y a-t-il sous cette jolie jupe?

GISELE - Un petit porte jarretelles en dentelle, bien sûr.

CHARLES - Ah! Ah! Ah! Vous êtes contentes?… *(Il se dirige vers la radio et coupe la musique.)* Mais vous êtes folles les filles. Vous n'entendez pas le vacarme que vous faites? Il y a de quoi réveiller les morts. Vous voulez peut-être que nous soyons tout de suite démasqués? Croyez-vous que des demoiselles de bonne famille écoutent ce genre de musique en se trémoussant du derrière?

GISELE - Je te signale, mon cher Charles, que nous n'étions pas en train de nous trémousser du derrière…

BETTY - Nous dansions. Et il me semble bien que d'habitude tu n'es pas le dernier à apprécier ce genre de divertissement.

CHARLES - Mais vous semblez oublier toutes les deux où nous sommes et pourquoi nous y sommes.

BETTY - Pas du tout. Mais ça n'empêche pas de se changer un peu les idées.

GISELE - Tu devrais d'ailleurs en faire autant.

(Betty s'approche de Charles et le prend par le bras, pendant que Gisèle va remettre la musique.)

BETTY - Allez, viens mon chou. Fais pas le difficile.

CHARLES - Betty, arrête je te prie. Tout ceci est stupide.

BETTY - Bien sûr mon chou! Mais juste une petite danse, histoire de rire un peu.

CHARLES - N'insiste pas. C'est non! *(A Gisèle.)* Et toi, arrête cette musique. On va tous se faire prendre.

BETTY - Mais non. Ce que tu peux être pessimiste. Allez, sois gentil, un petit effort.

CHARLES - Je crois avoir été assez clair. Je t'ai dit non, c'est non.

(Pendant ce temps, Gisèle a fait le tour de la scène en passant par le fond. Elle se tient à présent derrière Charles qui ne la voit pas.)

BETTY - Allez quoi, personne ne le saura.

CHARLES - N'insiste pas je te dis.

(A ce moment, Gisèle attrape le bas du kilt de Charles et lui fait faire des mouvements de danse. Charles tire sur son kilt pour le remettre en place.)

Mais c'est bien ce que je disais. Vous êtes folles, complètement folles.

BETTY - Oh! Mais ça ne te déplaît pas d'habitude.

CHARLES *(se dégageant)* - Ça suffit.

(Betty prend Charles par les mains, pendant que Gisèle toujours derrière lui, lui met les mains sur les hanches et le force à danser.)

GISELE - Allez Charles. Détends-toi. Tu es raide comme une bûche.

BETTY *(elle fredonne)* - Lalali, Lalala…

CHARLES *(radoucissant le ton)* - Voyons, arrêtez, ce n'est pas sérieux.

BETTY - Non, mais c'est drôlement bon.

(Les deux filles dansent en même temps. Charles est au milieu sans bouger.)

GISELE - Alors Charles, tu démarres ou non.

BETTY - Allez mon minou.

CHARLES *(il hésite)* - OK, mais alors un tout petit peu seulement. *(Il se met à danser avec les deux filles.)*

BETTY - Oui, c'est bien, continue.

(Ils dansent ensemble pendant quelques minutes. Ils donnent l'impression de s'amuser énormément. Prévoir une courte chorégraphie.)

CHARLES *(pendant qu'ils dansent, crie)* - C'est vrai qu'avec vous on ne s'ennuie pas une minute.

(Ils continuent à danser. Pendant ce temps, Rebbeca entre dans le fond de la scène. Arrivée vers le milieu, semblant ahurie et de peur d'être vue, se cache rapidement derrière un fauteuil. De temps en temps, on voit sa tête apparaître pour qu'elle puisse observer les danseurs. Elle fait des mimiques horrifiées. Au bout de deux à trois minutes, la musique s'arrête. Charles va couper la chaîne, pendant que les filles s'écroulent essoufflées dans le fauteuil Charles vient ensuite s'asseoir entre elles. Il pose ses pieds sur la table du salon et met ses bras autour des épaules des deux filles.)

Ah! Ce que c'est bon. Je vous parie que les fantômes du château n'en ont pas cru leurs yeux.

BETTY - C'est certainement moins drôle de prendre le thé avec Margaret…

GISELE - Ou de discuter avec des revenants en compagnie de Miss entonnoir.

REBBECA - Oh!

CHARLES - Quand Richard t'aura épousée, Gisèle, nous viendrons au château faire des bringues monstrueuses.

BETTY - Oh oui! Avec tous les potes du cabaret. Champagne et musique! On amènera Lulu et la grande Marie-Rose…

GISELE - Mais Richard va vite s'apercevoir que nous ne sommes pas des aristocrates comme il le croyait, mais de simples danseuses de cabaret. Je me demande comme il va réagir.

CHARLES - Quelle importance! Une fois mariés, ça ne comptera plus. Pour lui, le principal est de toucher son héritage…

BETTY - Pour toi Gigi, c'est la belle vie, et à nous les 10 %.

(Rebbeca se lève indignée et elle s'empresse de sortir sans se faire remarquer. Charles et Betty parlent bas et entre eux, afin que Gisèle ne les entende pas.)

Qu'est-ce que tu crois qu'on pourrait faire avec cet argent? Un beau voyage dans une île des mers chaudes.

CHARLES - Oh oui! Hôtel de luxe… Et nous deux étendus, nus sur le sable.

BETTY *(elle soupire de plaisir)* - J'aimerais déjà y être.

GISELE - Et oh! Vous pensez à moi un peu? Toute seule, coincée ici avec Richard.

BETTY - Ça n'avait pas l'air de te déplaire tant que cela tout à l'heure.

CHARLES *(il regarde sa montre)* - En parlant de Richard, il serait peut-être temps d'aller vous habiller autrement. Le dîner est servi dans une demi-heure précise.

(Les deux filles se lèvent pour sortir.)

BETTY - Allez on y va.

CHARLES - Et au fait, s'il vous plaît, plutôt sobres les vêtements. Vous voyez ce que je veux dire.

GISELE *(saluant à la militaire)* - Pas de problème mon commandant.

(Gisèle sort la première. Avant de sortir à son tour Betty fait un geste complice à Charles. Puis ils quittent aussi la scène.)

SCENE 2

REBBECA- RICHARD

La scène est vide. Richard arrive. Il se sert un verre de whisky qu'il boit lentement, s'assied dans un fauteuil l'air satisfait.

RICHARD - Ah! Gisèle. La vie est incroyable. Voilà qu'au moment où j'en ai le plus besoin, je rencontre par hasard une femme, et avec laquelle qui plus est, j'ai des tas de choses en commun… *(Il boit.)* Il faudra que j'en parle à Charles. Il faudrait même que je lui demande quelques petits conseils. *(Il se lève et va se regarder dans le miroir.)* Quand même, quelle coïncidence, la cousine d'Elisabeth… *(Il va se resservir en whisky.)* Au début, je la trouvais quelque peu entreprenante, certes, mais finalement ce n'est pas pour me déplaire. Elle est française après tout, il faudra que je m'y habitue.

(A ce moment, Rebbeca entre comme une tornade sur la scène.)

REBBECA - Ah seigneur! Merci. Je suis si contente de te trouver ici. Tu es seul ?

RICHARD - Oui bien sûr. Mais dis-moi, que se passe-t-il ? Tu as perdu ton truc ? *(Il mime le cône.)*

REBBECA - C'est bien le moment de plaisanter.

RICHARD - Mais calme-toi. Regarde, c'est une si belle journée. Tu veux prendre un verre avec moi ?

REBBECA - C'est cela tiens! Un whisky me fera le plus grand bien.

(Richard sert le fond du verre. Avec la main, Rebbeca lui fait signe d'en verser « plus haut ». Richard sert un peu plus de whisky. Rebbeca fait encore signe « plus haut ». Richard sert un peu plus. Rebbeca fait de nouveau signe « plus haut ». Richard montre sa désapprobation, mais remplit quand même le verre. Rebbeca le vide en une seule fois, sous l'œil étonné de Richard.)

RICHARD - J'ignorais que ma jeune sœur avait une telle « descente ». C'est impressionnant. On pourrait faire un concours un de ces jours.

REBBECA - C'est que j'ai besoin de me remettre les idées en place, après ce que je viens de voir.

RICHARD - Vraiment ? Mais ça a l'air sérieux. Dis-moi, qu'as-tu vu ?

REBBECA *(elle semble très énervée)* - Voilà. Les deux filles qui sont avec Charles sont en train de te tendre un piège.

RICHARD - Mais qu'est-ce que tu racontes ?

REBBECA - Je te dis que ces filles ne sont pas, comme elles le prétendent, des aristocrates françaises.

RICHARD - Ah ? Elles ne sont pas françaises ?

REBBECA - Si, si. Mais pas aristocrates. Ce sont des danseuses de cabaret.

RICHARD - Allons bon ! Et pourquoi mentiraient-elles ?

REBBECA - Pour t'épouser.

RICHARD *(flatté)* - Je suis tellement irrésistible ?

REBBECA - Mais non, idiot. Pour l'héritage.

RICHARD - Enfin Rebbeca, réfléchis une minute. Elles n'auraient pas eu le temps de monter toute cette histoire. Je les ai rencontrées il y a, à peine quelques heures.

REBBECA - Peut-être. Et pourtant j'ai raison. Charles est arrivé ici avec cette Betty. Et entre parenthèses, j'ai vu tout de suite qu'elle n'avait rien d'une aristocrate…

RICHARD *(pensif)* - Donc, Betty n'est pas une aristocrate.

REBBECA - C'est cela. Et Gisèle non plus. Oh ! Pour elle aussi, je m'en suis aperçue tout de suite. Dès qu'elle est arrivée. D'abord, je l'avais prise pour un fantôme…

RICHARD - Un fantôme! Je ne mets pas ta faculté de jugement en doute, Rebbeca. Mais un fantôme, quand même. Ou alors, ils ont drôlement changé ces derniers temps.

REBBECA - Bon! Peu importe. Ce serait trop long à t'expliquer.

RICHARD - Mais dis-moi, Rebbeca, ce ne serait pas plutôt ton espèce d'entonnoir à ondes cosmiques qui te ferait avoir de pareilles idées. *(Sur un ton paternel.)* Tu sais, tu ne connais peut-être pas tous les effets de ce genre d'appareil. Il est possible que les ondes cosmiques au lieu de monter vers l'au-delà, aient plutôt… *(Il fait un geste montrant l'intérieur de la tête.)*

REBBECA - Je ne suis absolument pas folle, si c'est ce que tu veux dire.

RICHARD - Non, je ne voulais pas dire cela.

REBBECA - Je veux simplement que tu saches, qu'il n'y a pas plus de quelques minutes, ces deux soi-disant « demoiselles de bonne famille » étaient en train de danser comme des saltimbanques au milieu de cette pièce, sur cette musique. *(Elle va chercher le disque et le brandit devant Richard.)* Tiens, regarde! *(Richard prend le disque dans les mains et le retourne plusieurs fois.)* J'étais cachée derrière ce fauteuil et j'ai tout vu.

RICHARD - Attends, je ne comprends pas très bien. Pourquoi étais-tu cachée?

REBBECA - Pour les observer.

RICHARD *(sceptique)* - Je t'assure Rebbeca, que tu fais de drôles de choses ces derniers temps.

Rebbeca montre de l'impatience.

REBBECA - Toujours est-il que je les ai clairement entendues dire qu'elles étaient des danseuses de cabaret; que tu allais bien finir par t'en rendre compte; mais qu'une fois Gisèle mariée avec toi, ça n'aurait plus d'importance. *(Elle s'approche de Richard et lui parle d'un air perfide.)* Car, dès que l'héritage serait débloqué, à elle la belle vie. Et pour Charles et Betty, les 10 %.

(Richard semble bousculé. Il se gratte les cheveux tout en marchant de long en large.)

RICHARD - Tu as l'air de savoir ce que tu dis. Et pourtant, j'ai du mal à y croire.

REBBECA - Ouvre les yeux. Ce sont des coureuses de dots.

RICHARD - Note bien que, vue la situation et la condition imposée par notre père dans le testament, si j'épousais Gisèle, cela nous arrangerait.

Rebbeca éclate.

REBBECA - Une danseuse de cabaret ! Tu voudrais épouser une danseuse de cabaret !

RICHARD - Une danseuse de cabaret… Naturellement. Mais Charles est mon ami d'enfance. Quel rôle jouerait-il là-dedans ?

REBBECA - Cette Betty l'a envoûté.

RICHARD - Impossible. Et puis je te trouve très empressée à prendre la défense de Charles. Quel intérêt y as-tu ?

REBBECA - Je ne veux pas voir accusé un innocent. C'est tout.

RICHARD - Rebbeca ?

REBBECA - Oui ?

RICHARD - Ton seul intérêt est-il de me sortir d'un piège ?

REBBECA *(très gênée)* - Non, pas tout à fait, c'est vrai. En fait, je suis… Comment te dire… J'éprouve beaucoup d'affection pour Charles. Et la venue de cette Betty me contrarie énormément.

RICHARD - Je m'en doutais un peu.

REBBECA - Alors voilà. Je t'ai tiré des griffes de cette menteuse de Gisèle. A toi maintenant de me renvoyer l'ascenseur, en m'aidant à me débarrasser de Betty.

RICHARD - Attends, attends, tu vas peut-être un peu vite en besogne.

REBBECA - On fait un retour groupé à l'envoyeur. Betty et Gisèle en même temps.

RICHARD - Stop ! D'abord qui te dit que je veuille me débarrasser de Gisèle ?

REBBECA - Richard ! Une danseuse de cabaret !

RICHARD - Et puis j'ai besoin de réfléchir. Tout ceci a été fort rapide. Je ne peux pas prendre de telles décisions aussi hâtivement… *(Il se sert un verre.)* Nous en reparlerons plus tard. *(Le ton monte).*

REBBECA - Plus tard ? Et quand ? Tu peux me le dire ?

RICHARD - Rien ne presse. Je voudrais y voir plus clair.

REBBECA - Ah ! Parce que cela ne te semble pas assez clair ? Qu'est-ce qu'il te faut ? Peut-être voudrais-tu que ces deux menteuses viennent ici, devant toi, avouer leur mensonge, pour que les choses te semblent claires.

RICHARD - Et bien oui tiens, peut-être.

REBBECA - Alors là, tu rêves mon pauvre. Tu ne veux rien faire maintenant pour m'aider ?

RICHARD - Non, pas tout de suite.

REBBECA - Et bien soit, je vais aller trouver Margaret, et je vais lui en parler.

RICHARD *(moqueur)* - Ah ! Je vous imagine bien toutes les deux. Vous allez faire une sacrée équipe.

REBBECA - Peut-être. Mais elle, en tous cas, ne refusera certainement pas de m'aider.

RICHARD *(exaspéré)* - J'en ai assez entendu pour le moment. C'est une merveilleuse journée, et je ne vais pas te laisser me la gâcher avec ces histoires. Je vais me préparer pour le dîner.

(Il sort laissant Rebbeca seule.)

SCENE 3

REBBECA-MARGARET

Rebbeca est furieuse. Elle fait les cent pas sur la scène, en claquant des pieds. Elle sonne.

REBBECA - Des danseuses de cabaret… Nous verrons bien qui aura le dernier mot… *(Elle sonne à nouveau.)* Richard a l'air complètement embobiné par cette Lola Montès… *(Elle sonne encore.)* Mais il n'y a donc personne ici.

(Margaret entre en courant.)

MARGARET - Ah ! C'est vous Mademoiselle qui faites tout ce bruit. Justement je vous cherchais.

REBBECA - Moi aussi Margaret. Il est devenu urgent de se débarrasser de cette Betty, un peu trop encombrante à mon goût.

MARGARET - Et de l'autre fille aussi.

REBBECA - Ce sont des imposteurs. Elles ne sont pas ce qu'elles prétendent être.

MARGARET *(l'air de ne pas comprendre)* - Ce qu'elles prétendent être ?

REBBECA - Et bien oui quoi !

MARGARET *(craignant la colère de Rebbeca)* - Oui, oui. Bien sûr. Elles ne sont pas ce qu'elles prétendent être. Tout à fait.

REBBECA - Il faut agir très vite. La vie de Charles et Richard en dépend.

MARGARET - Mon Dieu ! Monsieur Richard court donc un grand danger ! J'en étais certaine. A voir comment elle se comportait avec lui, tout à l'heure sur ce canapé. Ah mon Dieu ! Si vous aviez vu…

REBBECA - Ça suffit Margaret ! Soyons efficaces. J'ai déjà une sorte de plan de bataille.

MARGARET *(tout à coup énervée)* - Tout ceci est terriblement excitant.

REBBECA - Bien, alors voilà. *(Elle se dirige vers un des meubles, l'ouvre et en sort deux fioles. L'une remplie d'un liquide rouge et l'autre d'un liquide vert.)*

MARGARET *(étonnée)* - Oh seigneur ! Mais qu'est-ce donc ?

REBBECA *(posant les fioles sur la table du salon)* - Voilà ! A l'aide de ces deux liquides mélangés ensemble on peut, selon les proportions que l'on utilise bien sûr, soit faire fuir une personne, soit au contraire la faire revenir à soi. Avez-vous bien compris ?

MARGARET - Tout à fait. Et dans le cas présent, il s'agirait de faire fuir Betty et Gisèle ?

REBBECA - Exactement.

MARGARET - Mais comment allez-vous procéder ?

REBBECA *(elle repart vers le meuble et en sort un gros livre)* - Tout est dans ce livre. La façon de procéder, les proportions… Ah ! Il manque un ustensile indispensable. *(Elle repart vers le meuble et en revient en tenant à la main un coquillage.)* Il faut absolument que le mélange soit fait dans une coquille Saint Jacques.

MARGARET - Une coquille Saint Jacques ! Vous en êtes certaine ?

REBBECA - Ah oui ! Absolument. L'homme qui m'a vendu tout ceci a été formel. Une coquille Saint Jacques !

MARGARET - Et que doit-on faire exactement ?

REBBECA - Et bien, quand nous aurons fait le mélange dans cette coquille Saint Jacques, il suffira d'en faire avaler quelques gouttes à Gisèle et Betty. Et c'est tout. Après cela, il n'y a plus qu'à attendre. Le produit fait son effet en quelques heures. Quatre ou cinq maximum. *(Elle tend la fiole rouge à Margaret.)* Tenez! Sentez !

MARGARET *(elle se met le mouchoir devant le nez)* - Ah! Quelle horreur! Mais qu'est-ce que c'est?

REBBECA - Des pétales de pavot macérées dans de l'urine d'un éléphant d'Afrique.

MARGARET - Ah! Mon Dieu.

REBBECA *(tendant l'autre fiole)* - Sentez celle-ci.

MARGARET - Je ne risque rien au moins.

REBBECA - Non, pas tant que le mélange n'est pas fait. Allez, sentez!

MARGARET *(après avoir respiré la fiole, elle recule vivement)* - Mais c'est affreux, épouvantable.

REBBECA - Ah oui! Je sais. C'est du vinaigre mélangé aux excréments d'un serpent asiatique.

MARGARET - C'est horrible! Et comment comptez-vous leur faire avaler cette potion immonde?

REBBECA - En leur faisant croire que leur salut passe par ce breuvage. Comme un antidote, un antipoison.

MARGARET - Je ne vous suis pas bien Mademoiselle.

REBBECA - Ecoutez-moi bien.

MARGARET *(s'approchant)* - Je suis tout ouïe.

REBBECA - Nous pourrions leur parler de la légende de Lady Mac Kinley. Des horribles choses qui se sont produites dans ce château. Les persuader qu'elles courent un grand danger.

MARGARET - Toutes ces choses tragiques! Je n'aime pas parler de ce sujet Mademoiselle. Vous me faites peur.

REBBECA - C'est ce qu'il faut faire. Faire peur. Une telle peur qu'il sera facile ensuite, de les persuader qu'en buvant ce breuvage infect, elles conjurent le sort et se mettent à l'abri de la malédiction.

MARGARET - Et si cela ne fonctionne pas ?

REBBECA - Ça fonctionnera. Il suffit que vous soyez suffisamment convaincante.

MARGARET - Pourquoi devrais-je être assez convaincante ?

REBBECA - Parce que c'est vous qui leur parlerez de la légende.

MARGARET - Certainement pas. Vous savez que ces histoires me terrorisent au plus haut point. Je préfère ne pas en parler, et même ne pas y penser. Le sort pourrait se retourner contre moi.

REBBECA - Si vous voulez que notre plan fonctionne, vous n'avez pas le choix.

MARGARET - Ah ça Mademoiselle, il n'en est pas question !

REBBECA - Mais si Margaret, vous le ferez.

MARGARET - Jamais.

REBBECA - C'est ce que nous verrons.

(Rebbeca sort rapidement en emmenant les fioles et le coquillage.)

MARGARET - Elle peut me demander ce qu'elle veut, mais toucher aux fantômes, sûrement pas. J'aurais bien trop peur qu'ils ne se réveillent et ne s'intéressent à moi. Alors là, il n'en est pas question.

(Elle sort.)

LE RIDEAU TOMBE

ACTE IV

SCENE 1

BETTY-GISELE-MARGARET-REBBECA-CHARLES

Le rideau s'ouvre. Betty et Gisèle sont en train de prendre un verre. Betty est à demi allongée sur le canapé. Gisèle est allongée sur le ventre à terre. Elles commentent des magazines qu'elles feuillettent.

GISELE - Tu connais la meilleure ? Le chanteur du groupe « The Big Stars », et bien il paraît que c'est une chanteuse.

BETTY - Et dis donc, écoute-moi ça. Miss France va épouser le roi du pétrole JR Ewing, de quarante ans son aîné. Beurk ! Le mariage sera célébré ninana, ninana…

(A ce moment entre Margaret.)

MARGARET *(d'un ton sec)* - Je vois que vous êtes à l'aise.

(Les deux filles se lèvent d'un bon, prenant une pause censée être celle de femmes du monde.)

BETTY - Bonsoir Margaret. Nous étions venues prendre un verre avant le dîner.

MARGARET - Mais je vous en prie Mesdemoiselles. Faites comme chez vous.

GISELE - Vous trinquez avec nous ?

MARGARET - Non merci. Je ne prends jamais d'alcool.

BETTY *(se moquant)* - Ah ça ! On s'en serait douté.

GISELE *(trinquant avec Betty)* - A ta santé ma belle. Euh… ma chère.

BETTY - A la tienne… Gigi. Et à la réussite de tous nos projets. *(Elle donne un coup de coude à Gisèle en regardant Margaret.)*

GISELE *(d'un ton aristocratique à Margaret)* - Ce château est magnifique. Nous avons un peu visité Betty et moi. Il est rempli de vieilles choses tout à fait étonnantes.

BETTY - Surtout la tour. De là haut la vue est vraiment exceptionnelle.

(Betty et Gisèle s'assoient sur le canapé.)

MARGARET *(feignant d'être affolée)* - De la tour ? Ne me dites pas que vous êtes allées dans la tour ?

GISELE - Ben si ! Pourquoi, y fallait pas ?

MARGARET - Oh Mesdemoiselles ! Promettez-moi de ne plus jamais monter dans cette tour. Je serais tellement désolée s'il vous arrivait malheur.

GISELE - Expliquez-vous Margaret.

BETTY - Oui ! Qu'est-ce que vous voulez dire ?

MARGARET - Il s'agit d'un secret de famille. Je ne sais pas si j'ai le droit de vous mettre dans la confidence.

BETTY - Alors là, ne vous inquiétez pas. On sait être discrètes.

GISELE - Muettes comme des tombes.

(Margaret vient s'asseoir près des filles. Elle prend un air mystérieux et donne l'impression de leur faire une confidence.)

MARGARET - Justement en parlant de tombes, voilà ! Il s'est passé des choses très étranges dans ce château et surtout dans la tour.

BETTY - Etranges ?

MARGARET - Oui, étranges. Tout le monde ici pense que la tour est maudite.

GISELE - Mais pourquoi ?

MARGARET - Tout a commencé il y a environ 450 ans. A cette époque vivaient au château Lord et Lady Mac Kinley. Hors, un jour où elle rentrait d'un voyage, Lady Mac Kinley trouva son mari au lit avec une de ses amies…

GISELE - Pauvre femme !

BETTY - C'est dégoûtant !

MARGARET - Folle de jalousie, Lady Mac Kinley tua les deux amants. Puis elle se donna la mort en se jetant du haut de la tour du château.

BETTY - C'est affreux !

GISELE - Tu l'as dit. Affreux !

MARGARET - Mais après sa mort, la pauvre Lady Mac Kinley n'a pas trouvé le repos. Et depuis, elle réapparaît régulièrement et veille sur la bonne moralité des occupants du château.

GISELE - Ah non, Margaret ! Vous n'allez pas nous faire avaler une histoire de fantômes.

MARGARET - Oh, mais attendez ! Ce n'est pas fini. Car si elle s'aperçoit qu'il y a au château une personne qui ment, trompe les autres, vole, et que sais-je encore, aussitôt, elle la punit.

BETTY - Ça n'existe que dans les films d'horreur, des trucs pareils.

MARGARET - Pas du tout. Je vois bien que vous ne me croyez pas. Pourtant il s'est passé ici des choses épouvantables que personne n'a jamais pu expliquer.

GISELE *(incrédule)* - Ah oui ? Et quelles choses ? Est-ce que vous avez fait appel à Sherlock Holmes ?

BETTY - Ou Colombo ?

MARGARET - Oh, vous pouvez rire. Mais depuis cette période, on a retrouvé, mortes de façon très étrange plusieurs personnes. Et la police n'a jamais rien pu expliquer.

BETTY *(l'air inquiète)* - Ah oui ?

MARGARET - Ainsi, une jeune bonne qui volait ses patrons, a été retrouvée morte dans la tour, transpercée et clouée au mur par la lance d'une armure. On n'a jamais pu dire qui avait fait cela. Il parait que ce n'était pas beau à voir.

GISELE - Ce n'est pas très rassurant. Il faut bien le dire.

MARGARET - Un peu plus tard, une des châtelaines de ce château trompait son mari avec le garde chasse. On la retrouva morte un matin dans son lit : crise cardiaque.

GISELE et BETTY *(ensemble)* - Et alors !

MARGARET - Et le même jour exactement, le garde chasse fut retrouvé mort aussi. Et devinez de quoi : Et bien oui, crise cardiaque. Coïncidence bizarre, vous ne trouvez pas ? Le même jour !

BETTY - C'est curieux, en effet.

MARGARET - Plus récemment : Un MAC GREGOR, tiens. Lord Archibald MAC GREGOR, un aïeul de Monsieur Richard, avait un neveu qui venait le voir de temps en temps pour lui demander de l'argent. Soi disant pour une bonne cause. En fait, c'était un joueur et il perdait beaucoup d'argent au jeu. Il extorqua ainsi plusieurs fois de grosses sommes à son oncle.

GISELE *(inquiète)* - Et alors ?

MARGARET - Et bien, on le retrouva pendu dans la tour. Cette nuit là, il était seul dans le château, et toutes les issues de la tour étaient fermées de l'intérieur. La police conclue donc au suicide.

BETTY - C'est logique.

MARGARET - Seulement, sous le pendu, il n'y avait rien. Pas un tabouret, pas un meuble ou un objet sur lequel il aurait pu monter pour se pendre. Alors à votre avis, comment avait-il pu faire cela tout seul ?

GISELE - C'est incroyable ! N'est-ce pas Betty ?

BETTY - C'est pire que ça !

MARGARET - Depuis, plus personne ne monte dans cette tour.

(Betty et Gisèle se rapprochent l'une de l'autre. Elles ont l'air vraiment effrayées.)

BETTY - Je comprends. Et si j'avais su cela avant, je n'y serais pas allée moi non plus.

GISELE - J'en ai la chair de poule.

(A ce moment, Rebbeca entre sans faire de bruit, portant dans ses deux mains la coquille Saint Jacques contenant sa potion.)

MARGARET - Et il y a eu d'autres cas. Plus horribles les uns que les autres. ! Et chaque fois qu'une personne se trouvant dans le château a commis un forfait, ou bien a menti, trompé… la punition a été immédiate : *(Elle passe la main devant son cou.)* La mort !

(Betty et Gisèle se mettent un coussin devant elles comme pour se protéger.)

BETTY - A chaque fois ?

MARGARET - Pas une seule exception.

GISELE - C'était des gros mensonges ? Graves ?

MARGARET - Pas forcément. Et chaque fois : Quick !

REBBECA *(les interrompant)* - Heureusement, il existe un antidote, une potion faite pour conjurer le mauvais sort. Mais vous, vous n'en auriez pas besoin, bien sûr.

BETTY - Non, bien entendu.

GISELE - Bien sûr que non.

REBBECA - Mais je vous montre quand même. Juste pour voir. Regardez, c'est ce mélange. *(Elle montre le coquillage.)* Voulez-vous y goûter ? Comme cela, par curiosité, puisque pour vous ce n'est pas nécessaire.

(Gisèle et Betty semblent pressées de goûter la potion.)

GISELE - Ce n'est pas nécessaire, mais montrez toujours.

BETTY - Oh oui ! Seulement par curiosité bien sûr.

(Elles goûtent toutes les deux, prennent des mines écoeurées et font d'horribles grimaces.)

GISELE - Quelle horreur !

BETTY - Ah ! Je n'ai jamais rien avalé de pareil.

REBBECA - Ah oui ! Je sais. C'est affreux. Mais il faut bien cela pour repousser la malédiction de Lady Mac Kinley.

MARGARET - Pour ma part, je crois que si des malheureuses venaient à déranger la tranquillité de Lady Mac Kinley… *(D'une voix menaçante.)* Elles n'auraient qu'une seule chose à faire : Partir au plus vite !

REBBECA - Ah oui ! Au plus vite, et le plus loin possible d'ici.

(A ce moment Charles entre.)

CHARLES - Il y a l'air de régner une folle ambiance ici.

MARGARET *(se levant précipitamment)* - J'ai encore quelques ordres à donner pour le dîner. Excusez-moi, je vous laisse. *(Elle sort rapidement.)*

REBBECA *(cachant le coquillage derrière son dos)* - Nous parlions de l'histoire de ce château. Il y a tellement à dire.

CHARLES *(s'adressant à Betty et Gisèle)* - Mais qu'avez-vous ? On dirait que vous avez vu un fantôme.

REBBECA - Allons, il n'y a aucune raison pour que deux jeunes femmes aussi délicieuses que Betty et Gisèle voient des fantômes… N'est-ce pas ? *(Rebbeca se dirige vers la porte.)* A tout à l'heure, pour le dîner. *(Elle sort.)*

69

SCENE 2

BETTY - **GISELE** - **CHARLES** - **RICHARD** - Interventions de **REBBECA** et **MARGARET**

Betty et Gisèle se lèvent précipitamment et viennent s'accrocher aux bras de Charles, chacune d'un côté.

BETTY - Oh Charles, c'est affreux! Nous sommes tous les trois en train de risquer la malédiction de Lady Mac Kinley.

GISELE - Betty dit la vérité. Charles, nous risquons tous trois une mort atroce en demeurant ici.

CHARLES - Allons, allons! N'auriez-vous pas un peu forcé sur le whisky? A voir l'état de la bouteille, je pense bien que si.

BETTY - Pas du tout! C'est Margaret! Elle nous a raconté l'histoire de cette Lady Mac Kinley…

GISELE - Et de toutes les horribles choses qui se sont produites ici.

CHARLES - C'est vrai que des bruits ont couru… *(Il lâche les deux femmes et fait un geste dans le vague.)* Mais tout cela est-il vrai? Ou bien est-ce une légende?

GISELE - Margaret semblait savoir de quoi elle parlait.

BETTY - Elle nous a donné des tas de détails précis…

CHARLES - Vous n'allez pas vous laisser impressionner. Pas vous! De plus, en quoi cela nous concerne-t-il? Je suis venu ici des dizaines de fois et il ne m'est jamais rien arrivé.

GISELE - Je t'assure que Margaret n'avait pas l'air de quelqu'un qui raconte des histoires.

CHARLES *(reprenant les filles par le bras)* - Vous savez bien que nous sommes en Ecosse, et que c'est soi-disant le pays des fantômes. Mais rassurez-vous, c'est un peu comme votre Arlésienne, à vous les Français, on en parle beaucoup mais on ne les voit jamais.

BETTY - Non Charles, c'est sérieux.

CHARLES - Mais pourquoi diable, nous arriverait-il quelque chose?

BETTY - Parce que nous sommes en train de mentir à Richard…

GISELE - Parce que nous complotons contre lui, dans son dos. Voilà pourquoi! Et Lady Mac Kinley s'en prend toujours à des personnes comme nous.

BETTY - Aux menteurs, aux comploteurs…

CHARLES - D'abord, je vous signale que nous ne complotons pas CONTRE Richard, mais POUR Richard. Et ensuite les fantômes n'existent pas. Mettez-vous cela dans la tête une fois pour toutes.

(A ce moment un objet tombe à terre. Les trois personnes sursautent.)

BETTY *(en allant ramasser l'objet tombé)* - Alors, tu vois bien.

(A ce moment Richard arrive. Il se dirige tout droit vers Charles.)

RICHARD - Charles! Il est important que nous ayons une conversation.

CHARLES - Mais bien entendu. De quoi veux-tu que nous parlions?

(A ce moment les deux hommes se trouvent d'un côté de la scène. Les deux femmes de l'autre côté.)

BETTY - Ça y est! Le temps se gâte.

RICHARD - C'est Rebbeca! Elle prétend que vous êtes en train de me mentir tous les trois, de me tendre un piège. Charles! Je veux que tu me donnes ta version des faits.

GISELE - C'est l'heure de la lessive. Allez Charles, sors ton linge sale.

CHARLES - Te mentir? Mais certainement pas. Pourquoi d'abord? Et à quel propos? Je ne comprends pas.

(Coup de tonnerre! Berry et Gisèle sursautent. Elles se rapprochent l'une de l'autre.)

RICHARD - Il paraît que Betty et Gisèle ne sont pas des aristocrates comme tu le prétends.

BETTY - Et voilà. Le pot aux roses est découvert.

CHARLES - Mais ce sont des histoires. Betty et Gisèle n'en ont pas toujours l'air, certes, mais elles sont de véritables aristocrates. Elles ont même un sacré pedigree.

(Coup de tonnerre! Betty et Gisèle ont un mouvement de recul.)

RICHARD - Rebbeca dit que ma rencontre avec Gisèle n'est pas une coïncidence, mais un coup monté entre vous trois. Que Betty et Gisèle sont danseuses, dans un cabaret.

Gisele - Et bien Charles, c'est le moment de tout avouer si tu veux sauver notre peau.

Charles - Mais quelle imagination a cette Rebbeca! Tu vois je la sous-estimais. Elle est incroyable.

(Coup de tonnerre ! Le tableau bouge.)

Betty - Ça y est. On va tous y rester.

Charles - Je suis ton ami. Pourquoi aurais-je fait une chose pareille ?

Richard - Tu voulais me jeter Gisèle dans les bras pour toucher les 10 % de l'héritage.

Betty - Allez! Adieu les 10 %.

Charles - Les 10% ? Mais tu sais parfaitement que cet argent ne m'intéresse pas. Je n'en ai pas besoin.

(Coup de tonnerre ! Le tableau bouge dans l'autre sens.)

Gisele - Charles va nous emmener en enfer.

Betty - Il faut l'arrêter avant qu'il ne soit trop tard.

Richard - Tu maintiens tout ce que tu m'as raconté ? Tu m'as dit toute la vérité ?

Charles - Mais absolument.

(Coup de tonnerre ! Un objet tombe.)

Betty et Gisele *(ensemble)* - Charles! S'il te plaît!

Charles *(après un temps d'hésitation)* - Bon, oui c'est vrai. Gisèle n'est pas arrivée ici par hasard.

Betty - Enfin!

Charles - C'est nous qui lui avons dit que nous étions ici. Et Betty a même ajouté que j'avais un ami tout à fait charmant. Elle a simplement décidé de rejoindre sa cousine au château et de faire ta connaissance par la même occasion. C'est tout!

(Coup de tonnerre !)

Gisele - Oh non! Il est incorrigible.

71

RICHARD - Et bien d'accord. Je préfère cela. Mon vieil ami. *(Il prend Charles par les épaules et l'entraîne un peu plus loin pour que les filles n'entendent pas ce qu'il va dire.)* Justement, concernant Gisèle, j'aurais quelques petits conseils à te demander.

CHARLES - Mais bien entendu. Si je peux t'aider, c'est avec plaisir.

(Coup de tonnerre ! La lumière s'éteint.)

BETTY *(affolée)* - Ça ne peut pas durer. *(La lumière se rallume. A Charles.)* Tu ne vois donc pas tout ce qui se passe ici ? Mais tu es complètement inconscient mon pauvre ami. Et en ce qui me concerne, je ne resterai pas une minute de plus dans cet endroit.

GISELE - Et puis, dis-moi un peu. Qu'est-ce que c'est que cette histoire de 10 % ? Je croyais que notre petit arrangement c'était juste pour rendre service, par amitié.

CHARLES *(à Richard)* - A ça c'est le whisky. Ça ne lui réussit pas du tout.

(Coup de tonnerre !)

BETTY - Viens Gigi, on s'en va !

GISELE - Pas tout de suite. J'ai quelque chose à faire avant.

CHARLES - Gisèle, ne fais rien que tu puisses regretter.

BETTY *(à Charles)* - Regretter ! Tu parles ! C'est de ta faute si nous sommes dans cette situation. Et maintenant, à moins de nous enfuir au plus vite, je ne vois pas très bien comment on pourrait s'en sortir.

CHARLES - Allons, assez plaisanter à présent.

GISELE - Justement en parlant de plaisanterie. Richard, je dois vous avouer quelque chose : Tout ce que Rebbeca vous a dit est vrai. Nous sommes des danseuses de cabaret. Nous ne sommes pas cousines. Charles et Betty m'ont demandé de venir ici pour vous séduire. J'étais censée vous épouser pour que vous puissiez toucher l'héritage de votre père et moi aussi par la même occasion. Voilà toute la vérité. Par contre je n'ai pas tout saisi en ce qui concerne une certaine récompense qu'auraient touchée mes deux complices.

(Charles va se mettre dans un coin de la scène pour se faire oublier.)

BETTY - Bon Gigi, maintenant que tu as fini de vider ton sac, on peut y aller.

RICHARD - Attendez Gisèle, j'aurais encore quelque chose à vous demander. Quant à toi Charles, je pense que tu me dois une explication.

BETTY - Alors ce sera sans moi. Je rentre à Paris de ce pas et qui m'aime me suive… Je monte faire mes valises.

(Au moment où elle sort, Rebbeca et Margaret entrent.)

REBBECA - Vous partez déjà Betty ?

BETTY - En effet. Et j'aurais besoin d'un taxi.

REBBECA *(triomphante)* - Ne vous inquiétez pas Betty, notre chauffeur vous conduira à la gare la plus proche. Il s'en fera un plaisir.

(Betty sort.)

MARGARET *(à Rebbeca)* - Mademoiselle, votre potion fait des miracles. Vous pensez que ce sera encore long pour l'autre fille ? *(Elle fait un signe de tête dans la direction de Gisèle.)*

REBBECA - Certainement pas.

SCENE 3

RICHARD-REBBECA-MARGARET-CHARLES-BETTY-GISELE

Betty vient de sortir. Rebbeca et Margaret viennent quant à elles d'entrer sur la scène. Charles essaie de se faire oublier au fond de la scène. Gisèle semble très gênée, elle est assise sur une chaise sur le côté droit de la scène. Quant à Richard il se trouve au milieu, tout à coup très maître de la situation.

RICHARD - Mais enfin Charles qu'est-ce qui t'a pris ? Pourquoi tous ces mensonges ?

MARGARET - Si vous voulez mon avis, ça ne m'étonne pas…

RICHARD - Quand j'aurais besoin de votre avis Margaret, je vous le demanderai. *(Margaret semble offensée.)* Alors Charles, dans quel but as-tu inventé toute cette histoire ?

CHARLES *(s'avançant vers Richard)* - Et bien voilà, tout a commencé…

REBBECA - Je te l'ai dit Richard, Charles n'y est pour rien, il a été envoûté, ce sont ces filles qui…

RICHARD - Ça suffit Rebbeca! Charles est assez grand pour s'expliquer lui-même.

CHARLES *(prenant un ton méprisant à l'égard de Rebbeca)* - Je n'ai en effet besoin de personne pour expliquer mes motivations. *(Puis tout à coup, il change complètement d'attitude et tombe à genoux devant Richard.)* Oh Richard! Je suis vraiment désolé. J'ai honte de ma conduite. Pourras-tu me pardonner?

RICHARD - Pourquoi avoir inventé ce scénario ridicule?

MARGARET - Ah ça! Pour être ridicule, c'était ridicule.

GISELE - Ecrasez-vous, Margaret!

MARGARET - Oh, oh!

CHARLES - Tu avais l'air tellement désespéré. Tu ne voyais pas le bout du tunnel. Alors je n'ai pas hésité un instant : J'ai décidé de t'aider.

RICHARD - Oui, et alors?

CHARLES - Il te fallait absolument une épouse. Je ne connaissais personne qui pourrait remplir ce rôle. C'est Betty qui a eu l'idée de te présenter son amie, Gisèle. *(Il montre Gisèle du doigt.)*

REBBECA - Une idée de génie!

RICHARD - D'accord! Mais alors pourquoi m'avoir menti sur l'identité véritable de tes deux amies? Je ne comprends toujours pas.

CHARLES - Je te connais bien Richard. Je ne pouvais pas te dire qu'elles étaient des danseuses de cabaret.

GISELE - Et qu'y a-t-il de mal à danser dans un cabaret?

RICHARD - Oui parfaitement. Qu'y a-t-il de mal? Et pourquoi ne pouvais-tu pas me le dire? Je trouve ça très bien moi, de danser dans un cabaret. Oui très bien.

Gisèle prend un air satisfait. Charles a l'air très étonné. Rebbeca et Margaret ont l'air mécontentes.

MARGARET - Mais Monsieur, entendez-vous ce que vous dites?

REBBECA - Oui Richard. Tu es tombé sur la tête.

RICHARD - Je te l'ai déjà dit. Ça suffit Rebbeca.

CHARLES - Je te croyais moins ouvert, plus attaché aux traditions. Et un Lord écossais avec une… une…

74

RICHARD - Une danseuse tout à fait charmante, cela n'a rien de choquant.

CHARLES - Je suis le premier surpris de ta réaction.

RICHARD - Et les 10 % ? N'étais-tu pas un peu intéressé par cette petite partie de l'héritage ?

CHARLES - Et bien… Oui et non… Tu comprends la vie coûte cher… Je n'ai pas été habitué aux économies…

MARGARET - Et bien voyons ! Voilà de l'argent facilement gagné.

CHARLES - Mais note bien que je regrette. *(Il s'accroche aux jambes de Richard.)* Oh oui ! Comme je regrette. Toute cette belle amitié que j'ai bafouée.

RICHARD *(il aide son ami à se relever)* - Tu n'as rien bafoué du tout. Tu m'as même ouvert de nouveaux horizons.

CHARLES - Vraiment ?

RICHARD - Et oui. C'est pour cette raison qu'au nom de notre grande amitié je te pardonne. Après tout, tu voulais me rendre service.

CHARLES - Tout à fait.

RICHARD - Nous ne parlerons plus de ces petits mensonges.

CHARLES - Oh Richard Merci !

RICHARD - Et même, je maintiens ma proposition. Je te laisse les 10 % de mon héritage.

CHARLES - Alors là Richard, tu es l'ami le plus extraordinaire que je connaisse.

MARGARET - Mais Monsieur vous perdez la raison.

RICHARD - Pas du tout. Je t'offre bien une partie de mon héritage. Mais bien sûr à une toute petite condition.

CHARLES - Laquelle ? Richard, c'est accordé d'avance.

RICHARD - Bien, parfait. Alors voilà : Je suis absolument d'accord avec quelque chose que tu as dit tout à l'heure. *(Charles a l'air de ne pas comprendre.)* Ma sœur ne doit pas demeurer ici, à parler avec des morts-vivants. Elle a besoin de sortir, de voyager, de voir du monde. *(Charles commence à comprendre et semble horrifié, alors que Rebbeca jubile.)* Elle a besoin que quelqu'un lui fasse découvrir les plaisirs de la vie. Et pour cela, j'ai pensé à toi.

CHARLES *(ton plaintif)* - Rebbeca ? Oh Richard ! Non, s'il te plaît, pas Rebbeca.

RICHARD - Oh mais si Charles ! Tu me dois bien cela.

REBBECA *(se jetant au cou de son frère)* - Merci mon grand frère.

CHARLES - Je peux te rendre un autre service. Tu dois toujours te trouver une épouse…

RICHARD - Non, non, non ! Rebbeca !

CHARLES - C'est ton dernier mot ? *(Il semble très malheureux.)*

RICHARD - Tu verras, Rebbeca est une fille pleine de ressources. Tu ne vas pas t'ennuyer. Quant à moi, je vous l'annonce, j'ai décidé de voyager. Je vais aller visiter la France. Dès que cette histoire d'héritage sera réglée, je prends le bateau. *(Regardant Gisèle.)* D'ailleurs, j'aurais besoin d'une interprète.

MARGARET - Mais Monsieur, qui va s'occuper du domaine pendant votre absence ?

RICHARD - Mais vous Margaret. Je ne me fais aucun souci. Vous ferez cela très bien.

MARGARET - Moi ? Mais je pensais que je partirais avec vous…

RICHARD - Ah non Margaret ! Vous, vous restez ici. Et puis, il faudra quelqu'un pour s'occuper de Rebbeca, quand Charles ne sera pas là.

CHARLES - Oublie-moi un peu, Richard !

MARGARET *(elle explose)* - Ma foi, c'est la meilleure ! Alors tout le monde s'en va, tout le monde s'amuse, tout le monde voyage, et Margaret reste là.

RICHARD - Voyons Margaret, ne soyez pas amère.

MARGARET - Amère ? Cela fait des années que je sers cette famille, que je réponds aux moindres de vos souhaits, aux moindres de vos caprices, que j'écoute, que je réconforte, que je conseille, que j'obéis. Et pourquoi ? Pour ça : « Margaret, vous restez là ».

RICHARD - Mais enfin Margaret ! Que vous arrive-t-il ?

(A ce moment, Betty arrive avec ses valises.)

MARGARET - Je vois très bien ce qui se passe. Je fais partie du personnel. Je ne suis bonne qu'à rester là, à attendre comme un chien fidèle. Et bien, il n'en est pas question ! Sachez le, je me fous de votre domaine ! Et je me fous de votre château !

Je me fous de Mademoiselle Rebbeca ! Et je me fous de tous les MAC GREGOR ! Je m'en fous, je m'en fous, je m'en contrefous !

REBBECA - Mais qu'est-ce qui vous prend ? Vous êtes devenue folle ?

MARGARET - Folle ? Oui, elle est devenue folle Margaret. Elle aussi elle veut voyager, Margaret. Elle aussi elle veut changer de vie, Margaret. Elle aussi elle veut voir autre chose que les pierres de ce château, Margaret !…

BETTY - Bien parlé Maggy !

GISELE - Quel souffle !

BETTY - Mon taxi va arriver, Margaret. Il y a encore de la place. Si vous voulez voyager, je peux vous faire voir du pays. Et si vous voulez changer de vie, je vous emmène.

MARGARET - Et bien pourquoi pas ! J'ai toujours rêvé de voir Paris. Je pourrais aussi aller voir votre cabaret Betty. Je pourrais même y danser. *(Elle se trémousse devant l'assemblée ahurie.)* N'est-ce pas ? Quel mal y a-t-il à être danseuse dans un cabaret ? S'il faut en passer par-là pour intéresser les hommes.

GISELE - Margaret ! Vous êtes incroyable.

BETTY - Aucun problème. *(Elle s'approche de Margaret pour l'examiner.)* Bien sûr, il faudrait revoir un peu le look. Mais ça peut se faire.

RICHARD - Vous devriez réfléchir. Vous êtes sous le coup d'une émotion…

MARGARET - C'est tout vu. *(Regardant Gisèle.)* Et moi aussi, je vais en faire tourner des têtes.

BETTY - C'est magnifique. Venez Margaret, on va préparer vos bagages et on s'en va. *(Elle tend le bras à Margaret.)* Alors, tu viens Gigi ?

GISELE: *(hésitante)* Oui, j'arrive.

RICHARD - Attendez Gisèle. Nous devons parler vous et moi. Vous pourrez rejoindre votre amie un peu plus tard.

GISELE - Un peu plus tard ? Bien sûr.

BETTY *(à Charles)* - Et toi mon minou, tu viens ?

CHARLES *(visiblement à regrets)* - Tu vois, je vais rester encore un peu. Richard a encore besoin de moi.

BETTY - Comme c'est dommage ! On s'amusait bien tous les deux.

77

CHARLES - Ah oui! On s'amusait drôlement bien. C'est la suite qui va être beaucoup moins drôle.

BETTY - Ma foi, comme tu veux. On se reverra plus tard?

CHARLES *(à regrets)* - Oui, plus tard ma chère Betty.

BETTY - Et bien nous, on y va. Ciao la compagnie!

MARGARET - Oui, ciao!

(Elles sortent toutes les deux.)

RICHARD *(riant)* - Je n'en reviens pas. Cette Margaret! Quel tempérament!

CHARLES - Je savais qu'elle n'était pas aussi sombre qu'elle voulait en avoir l'air.

REBBECA - Si on m'avait dit cela un jour.

RICHARD - Mais dites-moi tous les deux, vous devriez peut-être également songer à préparer vos bagages.

CHARLES - Rien ne presse.

RICHARD - Détrompe-toi. Rebbeca a du retard à rattraper.

CHARLES - C'est que je n'ai pas encore décidé par quoi nous allions commencer.

RICHARD *(poussant Rebbeca et Charles dehors)* - Tu y réfléchiras en route.

REBBECA *(elle va chercher son cône et le pose sur la tête de Charles)* - Mon cher Charles! Je pourrais t'apprendre à communiquer avec l'au-delà.

(Rebbeca tire Charles vers la sortie.)

CHARLES *(juste avant de sortir)* - Mon Dieu! C'est pire que je ne l'imaginais.

(Ils sortent.)

RICHARD *(se frottant les mains)* - Ma foi, voilà une affaire rondement menée.

GISELE *(inquiète)* - Vous vouliez me parler. J'imagine que vous êtes fâché.

RICHARD - Fâché? Pas vraiment.

GISELE - Bien sûr. Je vous ai menti sur certains points, mais à aucun moment je n'ai songé à me moquer de vous.

RICHARD - Je sais, Gisèle.

GISELE - Vous savez ? Ah bon ! Mais alors, de quoi vouliez-vous donc me parler ?

RICHARD - Je pense qu'il serait temps Gisèle, que nous terminions notre conversation de tout à l'heure.

GISELE *(étonnée)* - Mais comment cela ? Que voulez-vous dire ?

RICHARD *(il parle lentement)* - Et bien, tout à l'heure, dans la serre, vous m'avez parlé d'Adam et d'Eve, et de pommes à croquer, je crois ?

GISELE *(un peu gênée)* - Oui, en effet.

RICHARD *(Plus entreprenant)* - Vous pourriez peut être demeurer au château encore quelques jours, car j'ai soudainement une envie furieuse de manger des fruits. Pas vous, Gisèle ?

GISELE - Oh, Richard !

RICHARD - Hum, Gisèle !

GISELE *(se reculant vers le fond de la scène)* - Oh, Richard !

RICHARD *(s'approchant d'elle)* - Hum, Gisèle !

GISELE *(s'enfuyant en criant)* - Oh, Richard !

RICHARD - *(il soulève les pans de son kilt et court derrière Gisèle)* Ah, Gisèle !

RIDEAU

AVIS IMPORTANT

Cette pièce de théâtre fait partie du répertoire de la Société des Auteurs et Compositeurs Dramatiques, 11 bis rue Ballu 75442 PARIS Cedex 09. Tél. : 01 40 23 44 44. Elle ne peut donc être jouée sans l'autorisation de cette société.

Nous conseillons d'en faire la demande avant de commencer les répétitions.

Première édition, dépôt légal : février 2000
N° d'édition : 994201
ISBN : 2-84422-140-8